Aprendizagem
Dinâmica 1

Dados Internacionais de Catalogação na Publicação (CIP)
(Câmara Brasileira do Livro, SP, Brasil)

Dilts, Robert
Aprendizagem dinâmica 1 / Robert Dilts e Todd A. Epstein
[tradução de Denise Bolanho]. São Paulo: Summus, 1999.

Título original: Dynamic learning.
Obra em 2v.
Bibliografia.
ISBNs 978-85-323-0634-0 (v. 1)/ 978-85-323-0670-8 (v. 2)

1. Aprendizagem 2. Aprendizagem – Metodologia 3. Capacidade de aprendizagem 4. Programação neurolinguística 5. Psicologia de aprendizagem I. Epstein, Todd A. II. Título.

99-0266   CDD-370.15

Índice para catálogo sistemático:

1. Aprendizagem dinâmica: Psicologia educacional 370.15

Compre em lugar de fotocopiar.
Cada real que você dá por um livro recompensa seus autores
e os convida a produzir mais sobre o tema;
incentiva seus editores a encomendar, traduzir e publicar
outras obras sobre o assunto;
e paga aos livreiros por estocar e levar até você livros
para a sua informação e o seu entretenimento.
Cada real que você dá pela fotocópia não autorizada de um livro
financia o crime
e ajuda a matar a produção intelectual de seu país.

Aprendizagem Dinâmica 1

Robert B. Dilts
Todd A. Epstein

Do original em língua inglesa
DYNAMIC LEARNING
Copyright © 1995 by Todd A. Epstein e Robert B. Dilts
Direitos desta tradução adquiridos por Summus Editorial

Tradução: **Denise Maria Bolanho**
Revisão técnica: **Allan Ferraz Santos Jr.**
Capa: **Teresa Yamashita**
Editoração eletrônica e fotolitos: **JOIN Editoração Eletrônica**
Impressão: **Sumago Gráfica Editorial Ltda.**

Summus Editorial

Departamento editorial:
Rua Itapicuru, 613 – 7º andar
05006-000 – São Paulo – SP
Fone: (11) 3872-3322
Fax: (11) 3872-7476
http://www.summus.com.br
e-mail: summus@summus.com.br

Atendimento ao consumidor:
Summus Editorial
Fone: (11) 3865-9890

Vendas por atacado:
Fone: (11) 3873-8638
Fax: (11) 3873-7085
e-mail: vendas@summus.com.br

Impresso no Brasil

Sumário

Apresentação à edição brasileira 7
Dedicatória 9
Agradecimentos 11
Prefácio 13
Introdução 17

Capítulo 1   Fundamentos da Aprendizagem Dinâmica 23
Fundamentos da Aprendizagem Dinâmica 24
Níveis de aprendizagem 25
A influência dos relacionamentos na aprendizagem 31
Aprendizagem cooperativa 34
Programação Neurolingüística 37
Equilibrando tarefa e relacionamento 39
O Modelo ROLE 43
O Modelo BAGEL 48
Identificando um estado efetivo de aprendizagem 53

Capítulo 2   Lembrando Nomes 58
Lembrando nomes 59
Exercício do crachá 59
Evocando estratégias para lembrar nomes 60
Resumo das estratégias efetivas para lembrar nomes 71

Capítulo 3   Estratégias de Memorização 76
Estratégias de memorização 77
Exercício de memorização visual 81

Exercício de memorização auditiva 99
Exercício de memorização cinestésica 106
Estratégias de memorização de longo e curto prazos 109

Capítulo 4 Fortalecendo os Sentidos **113**
Fortalecendo os sentidos 114
Desenvolvendo a habilidade visual 117
Desenvolvendo a habilidade auditiva 121
Desenvolvendo a habilidade cinestésica 131
Resumo: Estratégias para desenvolver os sentidos 135
Explorando os filtros perceptivos 142

Capítulo 5 A Aprendizagem Cooperativa e o TOTS 147
A aprendizagem cooperativa e o TOTS 148
Jogo da estratégia do "telefone sem fio" 148
Auto-organização e "atratores" 152
O modelo TOTS 155
Feedback e aprendizagem cooperativa 158
Exercício de aprendizagem cooperativa 166

Posfácio 168

Apêndice A: Níveis de Aprendizagem 169
Identificando um estado efetivo de aprendizagem 174

Apêndice B: Resumo das Estratégias de Aprendizagem 174
Exercícios da estratégia de memorização 178
Desenvolvendo a habilidade visual 184
Desenvolvendo a habilidade auditiva 185
Desenvolvendo a habilidade cinestésica 186
Explorando os filtros perceptivos 188

Bibliografia 192

Apresentação à edição brasileira

É imensa a satisfação que sinto ao apresentar a edição brasileira de *Aprendizagem Dinâmica*. Diferente dos demais livros sobre PNL que, em geral, descrevem aplicações dessa ciência, esse traz o cerne desse campo de estudo chamado Programação Neurolingüística, e nos remete à sua essência. Aos seus aficionados e estudiosos é uma oportunidade ímpar para viver a essência dessa disciplina. A partir de experiências simples como memorização, leitura, soletração, aprendizagem de idiomas e composição, entre outras, Robert e Todd nos conduzem com maestria à estrutura de como aprendemos, possibilitando assim aprender como aprendemos — a Aprendizagem Dinâmica.

A PNL surgiu como um instrumento de investigação e estudo da estrutura de funcionamento do ser humano — as informações recebidas por intermédio de nossos sentidos são registradas em nossa neurologia (Neuro), construindo assim, ao longo do tempo, uma base de dados que utilizamos como referência para pensar, sentir e agir em nossas vidas, nossas aprendizagens (Programação), e expressamos por meio de nossa linguagem verbal e não-verbal (Lingüística). O livro nos apresenta os modelos de exploração fundamentais para uma boa prática da PNL, sem o qual qualquer aplicação pode tornar-se superficial e inócua.

Na edição brasileira decidiu-se, em conjunto com Robert Dilts, dividir a obra em dois volumes, facilitando o manejo e a assimilação de todo o material, e evitando, também, apresentar um volume de dimensões pouco estimulantes. Os tópicos foram divididos de tal forma que cada volume mantivesse um conjunto congruente e uniforme entre seus tópicos.

Parabéns à Summus Editorial pela ousadia em trazer-nos mais uma obra importante para o universo do estudo do comportamento humano e para o mundo da PNL. Não poderia deixar de mencionar também o excelente e primoroso trabalho de tradução — perfeito!

Allan Ferraz Santos Jr.
Médico psiquiatra, *trainer* licenciado de
Programação Neurolingüística e
fundador da Synapsis.

Dedicatória

Este livro é dedicado com profundo amor e respeito a
Todd Epstein,
a personificação da *Aprendizagem Dinâmica*.

Agradecimentos

Gostaríamos de agradecer a:

Teresa Epstein, esposa de Todd e nossa colega no desenvolvimento e evolução do *Dynamic Learning Center*. Ela foi e continua sendo uma parte valiosa na realização da missão da Aprendizagem Dinâmica.

Christine Amato, que compartilhou nossa visão e nossa missão na área de educação e aprendizagem, e abriu as portas para a Aprendizagem Dinâmica no sistema escolar.

Escola do Distrito de Pajaro Valley, pelo patrocínio do projeto de Avaliação Dinâmica. E Richard Figuroa, do estado da Califórnia, pelo incentivo e pelo apoio ao projeto.

Jeannie Higano, criadora do termo Aprendizagem Dinâmica e patrocinadora do primeiro seminário.

John Grinder e Richard Bandler, que criaram a tecnologia na qual se baseia a Aprendizagem Dinâmica e nos ensinaram o verdadeiro significado da "aprendizagem dinâmica".

Ami Sattinger, pela ajuda na edição e na revisão dos manuscritos deste livro, pelo entusiasmo e apoio a este projeto.

Alunos e professores que participaram de nossos seminários de Aprendizagem Dinâmica e do projeto de Avaliação Dinâmica.

E muito obrigado às pessoas excepcionais que serviram de modelo para as estratégias de aprendizagem apresentadas neste livro.

Prefácio

Em junho de 1982 realizei o primeiro seminário de *Aprendizagem Dinâmica*, em Vancouver, Colúmbia Britânica. Foi um programa de cinco dias composto de estratégias de aprendizagem modeladas a partir dos meus estudos com pessoas que haviam demonstrado excelência acadêmica em assuntos como memorização, soletração, matemática, leitura, aprendizagem de idiomas e redação criativa. Mais da metade dos participantes do seminário era crianças em idade escolar. Organizei o programa porque recebi muitos pedidos para trabalhar com pessoas de diversas idades que estavam com problemas de aprendizagem nessa área. O seminário também incluiu o uso de programas interativos de computador que criei para ensinar a soletrar, matemática, digitação, composição e desenvolvimento de determinadas habilidades perceptivas.

O objetivo desse seminário era proporcionar um conjunto de habilidades básicas de aprendizagem num ambiente experimental, interativo, que ajudasse as pessoas a melhorar em todas as áreas de desempenho acadêmico. Em outras palavras, foi um seminário sobre "aprender a aprender". O período da manhã era reservado para explicações e demonstrações das várias estratégias e exercícios de aprendizagem. À tarde, os participantes praticavam essas atividades enquanto eu trabalhava individualmente com aqueles que apresentavam problemas específicos. O programa foi muito bem-sucedido e me pareceu uma forma inovadora de ensino e aprendizagem. Repeti-o outras vezes, na Colúmbia Britânica, melhorando as estratégias e a estrutura.

Em outubro de 1982, juntamente com Todd Epstein, apresentei um seminário de Aprendizagem Dinâmica em Palo Alto, Califórnia — e esse foi o início de uma parceria que perduraria pelos treze anos seguintes. Antes disso, Todd fora meu colega durante alguns anos e já havíamos realizado diversos treinamentos em PNL. Todd fora guitarrista profissional, compositor e líder de um conjunto antes de se envolver com a PNL e, assim, tinha um entusiasmo natural pela criatividade e pelo desempenho; mas também sentia uma intensa paixão pela aprendizagem. Quando lhe expliquei o que estava fazendo em Vancouver, ele ficou bastante excitado com o conceito de Aprendizagem Dinâmica, pois ela atraía a sua curiosidade inata, o seu amor pela aprendizagem experimental e o seu forte senso de missão com relação às crianças e à educação.

Adaptamos a estrutura inicial do seminário de Aprendizagem Dinâmica, transformando-a num *workshop* um pouco mais tradicional, porém mantivemos a ênfase nos exercícios interativos, experimentais e nas "estratégias para aprender a aprender". O compromisso em seguirmos esse caminho era tão forte que fundamos o The Dynamic Learning Center para incentivar ainda mais essa forma de ensino e aprendizagem. Como resultado, o seminário de Aprendizagem Dinâmica foi apenas um dos muitos programas que realizaríamos juntos no decorrer dos anos. Também organizamos programas sobre criatividade (a base de nosso livro *Tools for Dreamers*), liderança, habilidades de apresentação e treinamento, como lidar com vícios e muitos outros. Essa evolução culminou com a criação da NLP *University*; uma organização que oferece treinamento para uma ampla variedade de aplicações da PNL, incluindo saúde, negócios e organização, criatividade e aprendizagem.

Outro importante desenvolvimento na evolução da Aprendizagem Dinâmica foi o projeto de *Avaliação Dinâmica*, realizado na escola do distrito de Pajaro Valley. No final da década de 1980, Christine Amato, uma professora de educação especial, que havia participado do primeiro seminário de Aprendizagem Dinâmica que Todd e eu realizamos, havia-se tornado chefe do departamento de recursos especiais de seu distrito. Ela sugeriu que criássemos um programa baseado nos princípios da Aprendizagem Dinâmica (descritos no Capítulo 5 do vol. II deste livro) para alunos com dificuldade de aprendizagem. O sucesso desse projeto foi uma de nossas experiências mais gratificantes.

Em 1992, Todd e eu começamos a trabalhar no livro Aprendizagem Dinâmica, que teria como base as transcrições do nosso primeiro seminário de Aprendizagem Dinâmica, bem como dos mais recentes. Como tínhamos muitos outros projetos em andamento, individuais e em conjunto, o trabalho foi lento. Infelizmente, Todd faleceu de forma inesperada, antes de terminarmos o livro. Mas eu sei que ele o teria apreciado e sentido orgulho. Nessas transcrições, tentei preservar a sua curiosidade, o seu humor e o seu fascínio pelas pessoas e pelo processo de aprendizagem.

Espero que você goste do livro, assim como nós gostamos de realizar esses seminários.

Robert B. Dilts
Santa Cruz, Califórnia,
junho, 1995

Introdução

Ao contrário do que muitas pessoas poderiam acreditar, a maior parte de nossa aprendizagem mais fundamental não ocorre por meio do estudo e do esforço, mas porque aprendemos naturalmente pela experiência. Por exemplo, quantos de vocês, leitores, aprenderam a andar, a falar a língua materna ou a andar de bicicleta estudando com afinco num livro? Provavelmente, nenhum. Para aprender a andar de bicicleta você deve ter montado em sua bicicleta e deve ter tentado ir a algum lugar. Depois de ter caído algumas vezes, você começou a melhorar cada vez mais, até dominar as habilidades básicas necessárias para manter o equilíbrio, ir para a frente e parar. A sua habilidade natural de aprendizagem foi exigida pelo processo de experiência e *feedback*. Você desenvolveu uma "competência inconsciente", sem saber, conscientemente, de que maneira o seu sistema nervoso resolveu o problema.

Para a maioria das pessoas, a experiência de aprender a andar de bicicleta foi diferente daquela de aprender a soletrar, ler ou resolver problemas de matemática. Em lugar de aprender num ambiente interativo, com nossos pais, familiares ou amigos nos orientando e estimulando, aprendemos sentados numa sala de aula, olhando para um livro ou um quadro-negro. Interagir ou encorajar os nossos amigos era considerado um comportamento inadequado ou até mesmo "desonesto". Uma das questões que desejamos levantar neste livro de Aprendizagem Dinâmica é: "Aprender alguma coisa como soletrar ou ler é realmente tão diferente de aprender a andar de bicicleta, a ponto de exigir métodos de aprendizagem tão distintos?"

A *Aprendizagem Dinâmica* trata do processo de aprendizagem pela experiência. As técnicas e os exercícios envolvem a aprendizagem pela prática e pela exploração de diferentes métodos de pensamento. Em essência, a aprendizagem dinâmica enfatiza o como, em lugar do conteúdo, ou *o quê* da aprendizagem. Também reconhece que o relacionamento entre as pessoas é um fator importante na aprendizagem e enfatiza as habilidades da aprendizagem cooperativa, da co-supervisão e da orientação. Assim, os seus métodos não têm nada a ver com sentar-se na carteira, cruzar os braços e olhar para uma lousa.

A Aprendizagem Dinâmica utiliza os princípios de modelagem e as ferramentas da Programação Neurolingüística (PNL) para liberar as capacidades naturais de aprendizagem por meio da conscientização, da exploração e da descoberta. Uma pressuposição essencial da PNL é a de que quando estamos "aprendendo" estamos usando o cérebro e as outras partes do sistema nervoso — o que, de certo modo, é mais difícil do que parece.

Na verdade, algumas pessoas têm tanta dificuldade para usar o próprio sistema nervoso que começam a imaginar se ele realmente lhes pertence. Você até poderia perguntar: "se o meu cérebro é realmente meu, por que ele me mostra imagens de sobremesas quando estou tentando fazer regime?" ou "Por que ele continua me dizendo que vou estragar tudo, quando estou tentando fazer alguma coisa que exige concentração?" Por que o seu próprio cérebro o faria ficar ansioso quando você precisa fazer um teste? Ele está infeliz lá dentro e quer sair? Ou, talvez, você esteja com o cérebro de outra pessoa. Richard Bandler, um dos co-fundadores da PNL, propõe, com humor, a seguinte explicação: como a Terra está ligeiramente inclinada em seu eixo, na verdade você está com o cérebro da pessoa ao seu lado; ele está infeliz por estar na pessoa errada, por isso, sempre está atormentando-o. De que outra forma você poderia explicar o fato de ser tão competente fazendo uma coisa e, quando começa a fazer outra, de repente sente-se tão incompetente e estúpido? Como você pode fazer tão bem uma coisa e tão mal outra, ao mesmo tempo? Será que é realmente possível aprender a usar o cérebro, da maneira que você quer, e quando quer? Essas são algumas das questões que a Aprendizagem Dinâmica tenta considerar.

Por exemplo, qual é exatamente a diferença entre aprender a soletrar e a andar de bicicleta? A maioria das pessoas diria que a diferença está nos processos: um é essencialmente "físico" enquanto o outro é "mental". Porém, dizer ou escrever uma palavra é algo tão "físico" quanto empurrar os pedais de uma bicicleta. E a atividade mental exigida para controlar e equilibrar uma bicicleta é pelo menos tão complexa quanto a exigida para se lembrar da seqüência de letras de uma palavra. Certamente, os dois casos envolvem a coordenação da atividade do sistema nervoso para atingir um objetivo.

Assim, exatamente em que atividade você *está* se envolvendo ao soletrar uma palavra? Alguém lhe pede para soletrar uma palavra. A palavra chega aos seus ouvidos como um som. O cérebro faz alguma coisa com ela e, finalmente, em resposta, você pronuncia ou escreve algumas letras. Em algum lugar, entre o momento em que alguém lhe pede para soletrar e a sua resposta, o sistema nervoso fez alguma coisa com aquele conjunto de sons. O território da Aprendizagem Dinâmica é o que acontece no intervalo de tempo entre a entrada do som e a saída das letras.

De acordo com a PNL, as pessoas pensam, ouvem, soletram etc., ativando algumas combinações dos seus sistemas representacionais sensoriais — isto é, até certo ponto estão vendo, ouvindo, sentindo, cheirando ou provando. Nosso sistema nervoso está conectado para receber, processar e armazenar naturalmente as imagens, as sensações, os sons, os odores e os sabores aos quais somos expostos durante nossas atividades diárias. Também podemos imaginar coisas. Por exemplo, você pode imaginar como seria flutuar no espaço, olhando para baixo e vendo a si mesmo enquanto lê este livro. Além de armazenar diversas representações sensoriais, o sistema nervoso pode criar imagens, sons e sensações. Um dos princípios básicos da PNL e da Aprendizagem Dinâmica é o de que quando as pessoas estão aprendendo ou pensando, estão juntando os componentes dessas imagens, sons, sensações, odores ou sabores. Na PNL, a estrutura habitual utilizada por uma pessoa para organizar e combinar as suas experiências sensoriais é conhecida como "estratégia".

Neste livro, exploraremos algumas estratégias fundamentais para a aprendizagem. Isto é, os processos pelos quais as pessoas "aprendem a aprender". A nossa abordagem será um tanto diferente daquela que você normalmente esperaria encontrar assistindo a uma aula ou lendo um livro. Normalmente, ao assistir a uma aula ou ao ler um livro, a matéria que você supostamente deve aprender simplesmente lhe é apresentada e, em geral, você precisa descobrir sozinho *como* aprendê-la. Em outras palavras, você é exposto à informação ou à matéria a ser estudada, mas não lhe dizem "como especificamente" aprendê-la. Este livro é sobre "como as pessoas aprendem".

Aplicaremos essas estratégias de "aprender a aprender" em algumas áreas tais como: memorização, leitura, soletração, aprendizagem de idiomas, composição, e assim por diante. Embora elas possam ser o foco temporário da nossa exploração, a essência deste livro é o processo subjacente a *como as pessoas aprendem*.

Para nós, toda aprendizagem compartilha os mesmos tipos de estrutura e de princípios. A questão é saber se determinada estratégia que alguém está usando para aplicá-los é adequada para completar a tarefa na qual está envolvida. Uma criança que pode aprender a não entregar a lição de casa todos os dias, aprendeu a fazer alguma coisa. Isso requer uma estratégia. As pessoas tendem a pensar nos processos mentais que produzem resultados negativos, como se eles não estivessem relacionados à boa aprendizagem. Mas isso não é verdade, pois mesmo que você não seja capaz de fazer bem alguma coisa, você precisa aprender *como* NÃO fazer isso. Especialmente quando há o envolvimento de coisas repetitivas, como em muitas tarefas exigidas das crianças na escola. Por exemplo, sempre que soletrar uma palavra, tente soletrá-la da maneira errada. Algumas pessoas realmente soletram uma palavra da mesma maneira errada todas as vezes — elas se lembram corretamente da seqüência errada das letras.

Certamente, alguém que aprendeu como chegar à oitava série ou mesmo ao segundo grau sem conseguir soletrar, escrever e ler, também aprendeu alguma coisa. Talvez ela não tenha aprendido a soletrar, escrever ou ler, mas aprendeu alguma coisa. A pessoa que não consegue ler um livro, mas conserta o motor de um carro mais rápido do que se consegue plantar bananeira, aprendeu alguma coisa. E, para nós, a "educação" trata realmente do processo de aprendizagem. Depois de reconhecer que alguém pode aprender e de que maneira, você pode começar a enriquecer e direcionar esse processo para além da sua atual manifestação.

Portanto, apesar de focalizarmos algumas áreas específicas e de ensinarmos algumas estratégias que consideramos efetivas nessas áreas, o nosso principal objetivo é oferecer ferramentas para que você aprenda como aprender qualquer coisa mais efetivamente, e ajude os outros a aprender como aprender mais efetivamente.

Acreditamos que o desenvolvimento das suas habilidades de aprendizagem e a ajuda para que outros possam desenvolvê-las andam de mãos dadas. Nós o encorajamos, primeiramente, a aplicar o que você aprendeu neste livro no seu próprio processo de aprendizagem e, depois, compartilhá-lo com outras pessoas. Essa abordagem não é necessariamente única, mas, de muitas maneiras, é única no que se refere à educação. Por exemplo, muitos professores não aprendem realmente como fazer aquilo que esperam das crianças que estão ensinando. Quantos professores de gramática precisam mostrar competência na aprendizagem ou na aquisição de determinada habilidade em matemática? Se um professor é bom em biologia, alguém o ensina a ensinar as crianças "como serem" boas em biologia também? Normalmente, um professor ensina o que precisa, em aula, para que os alunos saibam biologia o suficiente para passarem de ano.

Em outras palavras, eles enfatizam *o que* aprender em vez de *como*, especificamente, aprender de maneira mais fácil e eficaz.

Ao ler este livro, você estará se envolvendo na atividade da aprendizagem; aprendendo a aprender. Acreditamos que as estratégias de aprendizagem que o ajudarão a aprender melhor serão aquelas nas quais você será mais congruente ao compartilhá-las com os outros. Como você verá, a maioria dos exercícios é planejada para ser executada com outras pessoas num ambiente de "aprendizagem cooperativa"; mas você também pode praticar sozinho algumas das suas versões. Na maioria dos casos, apresentamos descrições das técnicas e dos exercícios que você pode fazer sozinho. Também apresentamos exemplos de exercícios em grupo, na forma de transcrições de demonstrações, para que você possa compreender como os processos funcionam num grupo.

Os exercícios e métodos da Aprendizagem Dinâmica foram planejados para serem feitos por pessoas de todas as idades. Muitos dos nossos seminários incluíam tanto crianças e jovens quanto adultos.

Nós a chamamos de "Aprendizagem Dinâmica" porque pediremos que você se envolva em atividades que ativam a sua neurologia — que lhe dão vida. Algumas podem parecer não ter nada a ver com assuntos acadêmicos tradicionais. Uma das coisas mais importantes na PNL é a ênfase que ela dá ao fato de as pessoas aprenderem pela ativação dos processos neurológicos. E, quanto mais você puder usar a sua neurologia, mais será capaz de aprender a aprender melhor. Alguns dos exercícios deste livro podem ser considerados como uma espécie de calistenia mental — calistenia para o cérebro.

De muitas maneiras, o cérebro é como um músculo. Quando você usa um músculo que não foi muito exercitado, de início ele pode ficar dolorido por algum tempo. Mas se você continuar fazendo os seus exercícios isométricos irá acostumar-se. Então, você descobrirá que as suas habilidades, em áreas que nem mesmo está praticando, começam a melhorar. A calistenia mental pode produzir o mesmo tipo de resultados. Ao desenvolver as suas habilidades mentais, você começa a descobrir que mesmo sem estudar tende a aprender novas coisas de maneira mais eficaz. Se prepararmos o solo antes de plantar as sementes, as raízes crescerão muito mais profundas e firmes.

A Aprendizagem Dinâmica inclui o envolvimento em atividades e exercícios que estarão lidando com os múltiplos níveis e dimensões de aprendizagem. As técnicas de aprendizagem dinâmica incluem questões relacionadas ao PORQUE e também ao COMO, O QUE e o ONDE da aprendizagem. As estratégias da Aprendizagem Dinâmica também incluem a função do *relacionamento* no processo de aprendizagem. Dentro dessa estrutura, a ênfase está no nível do COMO. A PNL é provavelmente o modelo psicológico que realmente criou uma tecnologia própria em torno do processo do COMO: COMO comunicar, estabelecer e desenvolver *rapport* e lidar com as crenças e valores das outras pessoas, COMO motivá-las, COMO aprender e agir efetivamente, e assim por diante.

Acreditamos que a interação é um aspecto integral da aprendizagem. Em nossos seminários de Aprendizagem Dinâmica, informamos as pessoas que elas podem levantar as mãos e fazer perguntas. Na verdade, essas atitudes são encorajadas, pois assim percebemos melhor quem são aquelas pessoas e como estão pensando. Os participantes dos seminários também podem levantar-se e andar, especialmente se forem pessoas que não conseguem ficar sentadas o tempo todo. Aliás, elas podem deitar-se no chão ou plantar bananeira, se quiserem, desde que não interfiram na experiência das pessoas sentadas a seu lado.

Para preservar a qualidade experimental e interativa da Aprendizagem Dinâmica, grande parte deste livro foi extraída das transcrições do nosso Seminário de Aprendizagem Dinâmica. (Para manter o senso de diversidade e interação dinâmica, indicamos o nome de cada autor relacionando-o à sua contribuição pessoal.) Decidimos manter a linguagem usada no seminário, mesmo sob o risco de sacrificar a fluência literária. Sentimos que ela é adequada num livro sobre Aprendizagem Dinâmica para preservar a espontaneidade, o humor e a atmosfera de um seminário ao vivo. Como referência, também apresentamos resumos dos princípios, exercícios e estratégias da Aprendizagem Dinâmica nos apêndices deste livro, caso você queira deixar de lado as explicações e os exemplos e ir diretamente para as estratégias.

Capítulo 1

Fundamentos da Aprendizagem Dinâmica

Resumo do Capítulo 1

- Níveis de aprendizagem
- A influência dos relacionamentos na aprendizagem
- Aprendizagem cooperativa
- Programação Neurolingüística
- Equilibrando tarefa e relacionamento
- O modelo ROLE
- O modelo BAGEL
- Identificando um estado efetivo de aprendizagem

Fundamentos da Aprendizagem Dinâmica

RD (Robert Dilts): Neste capítulo, gostaríamos de apresentar um resumo de alguns dos princípios, modelos e diferenças fundamentais entre os exercícios e estratégias de Aprendizagem Dinâmica.

Por exemplo, o que torna efetiva uma estratégia de aprendizagem? Todos sabemos que ter uma estratégia é melhor do que não ter nenhuma. Isto é, usar algum tipo de processo sistemático para lembrar nomes, por exemplo, é melhor do que não fazer nada ou fazer alguma coisa de forma desordenada. Entretanto, o pensamento sistemático é uma "faca de dois gumes". Os métodos ineficazes de aprendizagem podem nos levar a um desempenho pior do que se não tivéssemos nenhum método. O perigo de aprender a pensar sistematicamente é que o sistema usado pode ser tão prejudicial para alguns tipos de processos quanto é vantajoso para outros.

TE (Todd Epstein): É como fita adesiva — é realmente boa porque gruda em tudo; e é realmente ruim porque gruda em tudo.

RD: Por exemplo, um processo que nos permita soletrar bem — sermos constantes e reproduzirmos alguma coisa que vimos, exatamente como a vimos — pode não ser tão bom para a composição criativa. Poderíamos ser muito repetitivos ou nos metermos em confusão por plágio.

Lembro-me de que eu estava acostumado a ter excelentes notas em composição criativa, mas a minha ortografia criativa nunca era suficientemente boa. Eu não entendia por que isso acontecia, uma vez que estava criando e escrevendo no mesmo papel. Dois níveis de processos distintos estavam ocorrendo e, inicialmente, eu não sabia como chegar a um acordo com eles. Quando eu escrevia, esperava-se que fosse criativo, mas não no aspecto ortográfico da composição. Se aplicasse os mesmos valores e estratégias em ambas as partes, acabava arranjando problemas. Conheço muitas pessoas que têm problemas de redação quando começam a corrigir a ortografia e a gramática enquanto escrevem, perdendo toda a seqüência de idéias criativas.

TE: Elas perdem a seqüência de idéias.

RD: A questão é que escrever, como muitas outras tarefas de aprendizagem, é um processo com muitos níveis que, para ser eficaz, requer diversos tipos de estratégias. Os valores e estratégias usados para criar o conteúdo de um projeto escrito são diferentes daqueles utilizados para verificar a grafia ou a gramática. A pergunta que procuramos explorar em nosso trabalho com estratégias no processo de Aprendizagem Dinâmica é a seguinte: que tipo de modelos, princípios e formas de raciocinar apoiariam de maneira mais eficaz determinados tipos de aprendizagem e de desempenho?

Níveis de aprendizagem

RD: Uma pressuposição muito importante da Aprendizagem Dinâmica é a de que a aprendizagem é um processo com múltiplos níveis. Isto é, ela não ocorre apenas num nível, mas em muitos níveis simultaneamente. As crenças e valores são uma parte tão importante da aprendizagem quanto os processos cognitivos e os comportamentos. O senso de identidade e auto-estima de uma pessoa têm tanta influência quanto os estímulos ambientais. É importante considerar todos esses níveis, quer estejamos ensinando ou aprendendo.

Pessoas como Pavlov e Skinner estudaram a aprendizagem do ponto de vista do relacionamento entre ambiente e comportamento. Para elas, o nível da capacidade cognitiva era apenas uma caixa preta. Outras áreas da psicologia focalizaram os níveis mais elevados, estudando a auto-estima e a motivação. Pessoas como Sigmund Freud, por exemplo, desenvolveram modelos muito brilhantes e interessantes; mas os modelos de Freud realmente não ofereciam muito *insight* sobre como ensinar alguém a escrever corretamente. A psicologia cognitiva, por outro lado, tende a isolar o nível da capacidade daquele dos comportamentos e valores. Como resultado, realmente não criou muito daquilo que poderíamos chamar de "tecnologia".

O objetivo da Aprendizagem Dinâmica tem sido o de adotar uma abordagem integrada de múltiplos níveis, que lida com a interação dinâmica entre todos os diferentes níveis do sistema nervoso.

Em meu modelo dos "Níveis neurológicos", nossas capacidades estão associadas às nossas crenças e valores e aos nossos comportamentos. Ter crenças e valores sem capacidades para transformá-los em comportamento torna-os simples clichês. Ter comportamentos sem capacidades para associa-los às crenças e valores transformam-nos em simples reflexos. Os processos da Aprendizagem Dinâmica levam em consideração todos esses níveis.

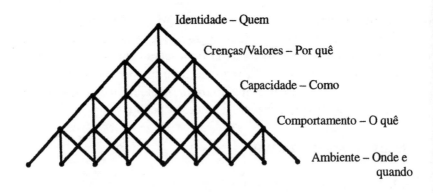

Níveis de influências na aprendizagem

Uma das influências mais concretas na aprendizagem é o ambiente externo. O ambiente no qual nos encontramos será de apoio e incentivo ou, alternativamente, prejudicial à aprendizagem. A "dinâmica" do ambiente é um fator importante no processo de aprendizagem. Algumas vezes precisamos lutar contra limitações ambientais — como ruídos perturbadores vindos de outra sala.

TE: Por exemplo, tente ensinar matemática numa sala coberta com telhas de amianto, num dia quente!

RD: O ambiente determinará o processo de aprendizagem. Ele pode prejudicar ou aumentar a aprendizagem. Em nosso trabalho com a escola do distrito de Pajaro Valley, na Califórnia, exploramos a criação de um ambiente que fosse extremamente estimulante para a aprendizagem. Ele foi chamado de sala de aula OLE, o *Optimal Learning Environment* (Ambiente para a Aprendizagem Excelente). A idéia era explorar o tipo de cenário que daria um ótimo apoio ao processo de aprendizagem.

Além do ambiente, a aprendizagem requer comportamentos e ações — não apenas o ato de escrever palavras e tomar notas, mas o de fazer alguma coisa relacionada àquilo que aprendemos. Naturalmente, as pessoas tendem a reagir ao ambiente e as reações são parte da aprendizagem. Mas as ações dirigidas e automotivadas tendem a solidificar a aprendizagem mais completamente.

O comportamento espontâneo facilita a aprendizagem. Com certeza, um dos motivos por que aprendemos alguma coisa é para fazer com ela algo que consideramos relevante ou importante em determinado ambiente, local e hora.

O ambiente está relacionado ao *onde* e ao *quando* da aprendizagem e o comportamento relaciona-se ao *o quê*. Além desses, há outro importante nível, o *como* da aprendizagem.

TE: É nesse nível que realmente começamos a entrar na essência da Aprendizagem Dinâmica. Ele envolve o desenvolvimento de capacidades internas e de estratégias. Ele não trata do conteúdo daquilo que vamos aprender, mas das habilidades necessárias para sermos capazes de aprender — as capacidades e estratégias que precisamos para aprender novos comportamentos.

RD: De acordo com a PNL, as pessoas aprendem proporcionalmente ao uso que fazem dos sentidos. Aprendemos por meio dos sentidos — aprendemos vendo, ouvindo, sentindo coisas; aprendemos até mesmo cheirando e provando; apesar de, na maior parte do tempo, esses dois últimos sentidos serem esquecidos pela educação tradicional. Na verdade, a educação tradicional tende a enfatizar principalmente as partes visuais e auditivas da aprendizagem. Mas uma das coisas que esperamos demonstrar, com sua própria experiência, é que os outros sentidos, especialmente as sensações e os movimentos corporais, são tão importantes na aprendizagem quanto os olhos e os ouvidos. Mesmo no que poderíamos considerar uma habilidade muito "cerebral" — como a matemática ou a ortografia — os outros sentidos são tão importantes quanto o que vemos e ouvimos ou visualizamos.

TE: Como sabem todos os que trabalham no sistema escolar, pode haver algumas limitações ambientais formidáveis — isto é, às vezes as salas de aula são muito pequenas ou muito quentes, ou os livros são velhos. Podem ocorrer muitas limitações no ambiente educacional tradicional. Algumas regiões têm recursos para adquirir novos livros, enquanto outras não. No nível ambiental, ou mesmo comportamental, é muito difícil conseguir oportunidades iguais na educação. As oportunidades iguais só começam realmente a acontecer no nível de capacidade e de estratégia — no nível da neurologia. Isto é, se todos compartilharem as mesmas capacidades sobre como aprender alguma coisa, então todos podem começar em pé de igualdade, independentemente de estarem aprendendo numa sala com telhas de amianto ou numa escola de 20 milhões de dólares, nova em folha, construída num local tranqüilo e bonito.

RD: Outro aspecto importante a ser considerado no processo de aprendizagem é o das crenças e valores. Esse nível envolve questões relacionadas ao *por que* da aprendizagem. Por que alguém se incomodaria em aprender alguma coisa? Os valores e crenças têm a ver com a motivação e a permissão para aprender.

As questões sobre crenças e valores emergem em diferentes locais. Elas surgem em relação à própria história pessoal do aluno, ao seu grupo de colegas, à matéria a ser aprendida, ao professor e à sua formação cultural. A influência de diferentes meios culturais e questões relacionadas a alunos com idiomas e culturas diferentes estão se tornando cada vez mais importantes em nosso mundo moderno.

Por exemplo, entregar a lição de casa é uma ação, e se um aluno não a executar vai provocar uma reação no professor. A pergunta é: se alguém não entrega a lição de casa, é por que não sabe como fazê-la ou por que não quer fazê-la?

TE: Talvez em sua cultura não seja importante entregar a lição de casa.

RD: Talvez ela tenha algum problema de relacionamento com o professor.

TE: Talvez seus pais nunca tenham feito lição de casa e ela pense: "Eu quero ser como eles. É isso que é importante para mim, não a lição de casa".

RD: Ou talvez ela pense: "Se eu entregar a lição de casa, as pessoas vão me chamar de 'bajulador', 'queridinho do professor' ou coisa parecida".

Essas questões relacionadas ao *por que* são tão importantes para a aprendizagem quanto as relacionadas ao *como* e ao *o quê*.

Além das crenças e valores está o nível da identidade — *quem* está aprendendo, *quem* está ensinando. A percepção de uma pessoa sobre quem ela é molda e determina suas crenças, seus valores e suas capacidades. Geralmente, as capacidades e valores são considerados expressões diretas da identidade.

Um interessante processo de aprendizagem, comum nas crianças, é assumir a identidade de alguma coisa fora de si mesmas. Quando estão brincando, elas não dizem: "Eu vou aprender a agir como a mamãe". Elas dizem: "Eu vou *ser* a mamãe" ou "Eu vou *ser* um bombeiro" ou "Eu vou *ser* um cachorrinho". Identificar-se com alguma coisa é um processo de aprendizagem muito poderoso. Quando nos comprometemos com determinada identidade, o resto da aprendizagem torna-se uma questão de acrescentar os detalhes.

Se não conseguimos nos identificar com aquilo que estamos aprendendo, a aprendizagem pode transformar-se num tremendo esforço. Como exemplo, consideremos a aprendizagem de um segundo idioma. Conheço pessoas que estudaram determinado idioma durante anos e até mesmo moraram alguns anos em outro país e ainda têm problemas com a pronúncia. Elas não entendem por que não conseguem se livrar do sotaque. Uma das coisas que não percebem é que o sotaque pode ser uma maneira de manter e afirmar sua identidade com relação à própria cultura.

Certa vez, ouvi alguém dizer que se quisermos aprender um idioma, a melhor coisa a fazer é apaixonar-se por alguém que fale esse idioma. Por quê? Talvez seja porque não consideramos estranha alguma coisa associada a alguém que amamos, mas, sim, como algo que nos proporciona boas sensações — alguma coisa com a qual começamos até mesmo a nos identificar.

Fazer um aluno identificar-se com a matemática é realmente diferente de fazê-lo estudar e esforçar-se para aprender.

De vez em quando, trabalhamos com alguém que, durante muito tempo, teve um problema de aprendizagem e descobrimos outros tipos de problemas de identidade. Eu, por exemplo, trabalhei com um empresário bem-sucedido que fora disléxico durante trinta anos. Ele sabia matemática perfeitamente e administrava muito bem os seus negócios, mas não conseguia soletrar. Eu estava tentando lhe ensinar a Estratégia para soletrar da PNL. Mas sempre que ele começava a soletrar uma palavra, alguma coisa o impedia e ele ficava muito ansioso e aborrecido. Finalmente, eu lhe disse: "Percebi que você continua ficando ansioso sempre que começa a soletrar. Estou imaginando o que aconteceria se você fosse capaz de soletrar perfeitamente". Subitamente, ele falou com extrema raiva: "Então, finalmente, depois de todos esses anos, eu estaria me rendendo àquele FILHO DA MÃE!" Acontece que, em sua mente, ele tinha delineada uma imagem do professor da terceira série e lembrava-se dele como se tivesse sido ontem. Aparentemente, o professor fora muito abusivo e transformara a sua incapacidade para soletrar numa questão pessoal, colocando-o contra o professor e fazendo-o jurar que nunca se renderia a ele. Soletrar bem teria sido uma violação da sua integridade pessoal. Naturalmente, ele não tinha nenhuma percepção consciente desse juramento. Ao conscientizar-se disso, percebeu que soletrar era simplesmente uma capacidade e que ele estava seguro em sua identidade como adulto, podendo libertar-se da promessa. Não preciso dizer que, depois de perceber isso, ele foi capaz de soletrar corretamente as palavras, sem precisar aprender uma nova estratégia.

TE: Os níveis de crença e identidade são bons lugares para se explorar quando outras coisas não funcionam. Se uma criança tem uma crença como: "Se eu soletrar vou ser exatamente igual à pessoa com quem não quero me parecer", então não estamos lidando com uma incapacidade para soletrar, mas com um problema completamente diferente. Se tentarmos lidar com ele no nível de que essa criança não está se esforçando para aprender a soletrar, então nunca conseguiremos fazê-la aprender a soletrar. Na verdade, provavelmente, acabaríamos frustrando-a ainda mais.

RD: Do outro lado da moeda, algumas vezes as coisas são percebidas como questões de identidade ou valores, quando realmente não estão nesses níveis. Às vezes, um aluno que simplesmente tem uma estratégia ineficaz para aprender alguma coisa é acusado de mau comportamento, falta de motivação ou preguiça. Ter a "vontade de" sem o "como" é um problema, tanto quanto ter o "como" sem a "vontade de".

Anteriormente, afirmei que as pessoas tendem a identificar-se com aquilo que podem e não podem fazer. Elas dizem: "Sou fumante" ou "Não sou fumante". Essas não são afirmações sobre o comportamento de fumar, elas estão relacionadas à identidade, a qual incorpora conjuntos inteiros de valores, habilidades, comportamentos e ambientes. Igualmente, podemos ouvir alunos dizendo: "Sou um bom soletrador" ou "Não sou um péssimo soletrador" em lugar de "Estou aprendendo a soletrar". É diferente de "ser um matemático" e "saber como resolver problemas de matemática".

Chamar a si mesmo de matemático, de escritor ou de bom soletrador torna-se uma afirmação sobre identidade, não sobre capacidade ou comportamento. Chamar alguém de "disléxico" torna-se um rótulo de identidade mais do que uma descrição da falta de capacidade daquela pessoa.

TE: As pessoas tendem a identificar-se com os seus sintomas. Rapidamente, podemos convencer crianças e pais de que a identidade da criança é deficiente ou disléxica, ou quantos outros rótulos quisermos lhe atribuir. Não se trata tanto do processo de rotulação quanto da questão de saber como a mensagem é recebida. A dislexia é a descrição de um processo contínuo que pode ser influenciado e se relaciona à capacidade de soletrar e ler, ou é a descrição da identidade de alguém? Como uma afirmação de identidade ela se torna uma maneira de rotular um aluno para impedi-lo de contaminar o resto da classe. É como se ele tivesse um vírus nocivo de identidade, contraído em algum lugar ao longo do caminho. Não gostaríamos que ele contaminasse as outras crianças na classe e, então, todos o consideram disléxico. Quem sabe o que podemos fazer depois disso.

RD: Inventar um "antibiótico neural".

O ponto essencial do que estamos dizendo é que o ensino e a aprendizagem são processos de múltiplos níveis. A ausência de percepção sobre a influência desses diferentes níveis ou a confusão entre um nível e outro podem causar problemas. Algumas vezes, é importante lidar com o *por que* e com o *quem* e também com o *como*. Outras, é importante manter as questões de identidade afastadas o máximo possível daquilo que você está aprendendo ou ensinando para não haver nenhuma confusão entre capacidade e identidade.

TE: As questões de identidade podem aplicar-se não somente ao aluno, mas também à identidade percebida do professor. Não ao seu estilo de ensino, não às crenças sobre aprendizagem, mas à percepção da identidade da pessoa que está em pé, diante dos alunos, ensinando-os.

A influência dos relacionamentos na aprendizagem

RD: O processo de ensino envolve no mínimo duas dimensões: *tarefa* e *relacionamento*. Em geral, a aprendizagem focaliza tanto o relacionamento quanto a tarefa. Pergunte a um aluno realmente bom em alguma coisa: "O que o faz ser bom nisso?" Raramente, ele responderá descrevendo comportamentos específicos ou capacidades mentais que o tornam efetivo. Quase sempre a primeira coisa que ele diz é: "Eu tive um bom professor" ou "Eu realmente gostava do professor". Se perguntarmos o que torna alguém um bom professor, obteremos respostas como: "Ela realmente me dava apoio", "Ele realmente acreditava em mim" ou "Ele realmente se importava comigo".

Essas afirmações estão mais focalizadas na identidade e no relacionamento do que em qualquer outra coisa. Outro bom exemplo é que se pedirmos a um bom atleta para pensar em seu melhor desempenho, conseguiremos menos respostas do que se lhe pedirmos para pensar em seu melhor treinador. A lembrança do relacionamento estimulante do treinamento ativa um conjunto mais completo e integrado de neurologia do que a lembrança de determinado desempenho.

TE: Por outro lado, podemos ter uma criança que está se saindo muito bem na quinta ou na sexta série — um estudante "nota dez". Mas, ao passar para a série seguinte, de repente, ela só consegue notas médias e até algumas muito baixas. A criança estuda como sempre fez. Ela parece estar motivada. Os conselheiros e pais não conseguem entender o que está acontecendo — até irmos à sala de aula e observarmos a interação entre o professor e a criança. O professor pode estar totalmente fora de sincronia com o estilo de aprendizagem da criança ou talvez tão completamente voltado para a tarefa, que a criança não sente nenhuma ligação com as matérias que supostamente está aprendendo.

RD: Os relacionamentos confusos ou desestimulantes podem ter uma influência negativa na aprendizagem. Conheço um menino que estava com todo tipo de problemas na aprendizagem de matemática precisamente porque detestava o pai, que era bom em matemática. A última coisa que ele queria era ser igual ao pai. Não tinha nada a ver com o professor ou com a classe. Ele disse: "Se eu aprender matemática, então serei mais parecido com ele. E não quero ser como ele".

Recentemente, conversei com um homem que estava ensinando ao filho a técnica da PNL para soletrar (que iremos abordar posteriormente). Ele estava aborrecido porque a mãe do menino, que o ajudava na lição de casa, ensinava os métodos fonéticos convencionais para soletrar palavras. Agora, o que o menino deveria fazer? Ele precisava decidir-se: "Vou ficar do lado do papai ou da mamãe?" Soletrar palavras deixa de ser apenas uma tarefa, tornando-se uma decisão a respeito de fazer as coisas do "jeito do papai" ou do "jeito da mamãe". E, para uma criança, essa pode parecer uma questão no nível da sobrevivência.

TE: Um menino com quem trabalhamos aprendeu com o pai alguns atalhos para entender álgebra e geometria. Quando a criança utilizava o método do pai, ela conseguia solucionar o problema. E, mais importante, compreendia a estratégia para resolver o problema. O conflito ocorreu quando ela foi para a escola e descobriu que não era assim que eles ensinavam. Ela podia pegar o atalho, mas eles queriam que o problema fosse solucionado pelo caminho mais longo. O motivo pelo qual acabamos vendo esse menino foi porque ele estava indeciso entre fazer as coisas do jeito divertido, fácil e bem-sucedido ou como supostamente "deviam" ser feitas — e desse jeito ele não estava conseguindo. As crianças não deveriam ser forçadas a tomar esse tipo de decisão na vida — especialmente uma criança da quinta série.

RD: Mas se elas tiverem de tomar esse tipo de decisão, deveria ficar claro que se trata de valores culturais e de relacionamento, que não devem ser confundidos com aprendizagem.

Algumas vezes, descobrimos que tarefa e relacionamento são confundidos no processo educacional; outras, eles estão totalmente isolados um do outro. Por exemplo, se uma criança vai mal numa tarefa de aprendizagem, como matemática ou leitura, ela é afastada da escola e recebe atenção especial para lidar com o problema.

TE: Afastando-a de qualquer possibilidade de manter relacionamentos com a sua classe.

RD: Mas se um aluno não tem relacionamentos na escola — está sempre sozinho no pátio, não tem amigos, vai para casa sozinho e seu melhor amigo é o computador — ninguém pensa que ele possa ter um problema de aprendizagem.

TE: Porque ele passa de ano. Ele faz bem as suas tarefas. Mas não aprendeu a estabelecer ou a lidar com os tipos de relacionamentos essenciais para a educação. No sistema educacional não tendemos a considerar esse fator.

RD: Portanto, o que estamos dizendo é que a aprendizagem envolve intimamente as duas dimensões. Como normalmente elas não são reconhecidas e diferenciadas, com freqüência são confundidas. Por outro lado, ambas precisam ser consideradas em qualquer tipo de aprendizagem ou ensino eficaz.

Os processos da Aprendizagem Dinâmica têm como base a crença de que tanto as dimensões da tarefa quanto as do relacionamento são igualmente importantes na aprendizagem. Apesar de muitos dos nossos exercícios focalizarem o desenvolvimento de estratégias de aprendizagem para tarefas específicas, o senso de identidade e as crenças que o acompanham para dar apoio aos relacionamentos, bem como às capacidades, ao comportamento e ao ambiente para as tarefas serão igualmente importantes. Iremos estudar os princípios que abrangerão a dinâmica de todas essas dimensões — níveis de aprendizagem no contexto de relacionamento e de tarefa.

Geralmente, quando as pessoas se reúnem num contexto de aprendizagem, a primeira coisa que focalizam são os relacionamentos. Quando estão inseguras com relação à tarefa — quando ainda não sabem o que devem fazer — elas tendem a colocar maior ênfase no relacionamento. A insegurança numa área tende a despertar a necessidade de estabilidade na outra. Quando as pessoas estão inseguras com respeito aos relacionamentos, elas tendem a se concentrar naquilo que acham que deveriam estar fazendo e saem à procura de alguma tarefa.

Portanto, quando um professor está introduzindo uma nova matéria ou ensinando uma tarefa difícil ou nova, então a atenção das pessoas vai para o relacionamento. Elas vão querer saber por que devem executá-la. Vão querer saber quem mais a executa. Por exemplo: se o professor for o único modelo de uma criança para explicar por que ela desejaria aprender matemática, então ele não é apenas um mensageiro de informação, ele é um representante ou um modelo do que significa ser um matemático, um bom soletrador ou um instrutor de PNL.

Aprendizagem cooperativa

RD: Outra implicação desse aspecto duplo de tarefa e relacionamento da aprendizagem está incorporada ao processo de aprendizagem cooperativa. O processo de cooperação tem pelo menos tanto a ver com relacionamento quanto com tarefa — você não colabora a não ser por causa do relacionamento.

TE: Mas, obviamente, não é o tipo de relacionamento no qual as pessoas estão apenas circulando, se abraçando ou conversando. Há uma tarefa a ser executada. A aprendizagem cooperativa é uma descrição de como utilizar ao máximo ambas as dimensões.

RD: Também há diferentes níveis de relacionamento. Algumas pessoas estão num relacionamento apenas em termos ambientais — por exemplo, elas se encontram por acaso na sala de descanso. Esse é um relacionamento em que elas reagem uma à outra principalmente por estarem partilhando o mesmo espaço. Mas, quando precisam coordenar as suas ações com as de outra pessoa, há um relacionamento mais íntimo do que o fato de apenas encontrá-la por acaso no corredor. Quando elas precisam fazer alguma coisa para coordenar o seu comportamento com aquilo que você faz, o relacionamento é mais complexo. Quando você precisa coordenar o seu processo de pensamento com o de outra pessoa, começa a desenvolver um relacionamento ainda mais íntimo com ela. Uma ligação mais estreita começa a emergir quando estamos ensinando e aprendendo uns com os outros num nível de capacidade. Um relacionamento construído com base em valores e motivações compartilhados ou no qual a permissão para fazer alguma coisa depende de outra pessoa envolve uma interação mais profunda — que, incidentalmente, não é apenas mais estreita, como pode levar a um conflito potencial maior. Podemos até mesmo ter um relacionamento no qual as missões se entrelaçam. A nossa identidade — quem somos — está coordenada com quem a outra pessoa é.

TE: Isso cria uma estrutura interessante para o bom desempenho porque estabelece uma base muito profunda para a cooperação. Torna-se mais fácil compartilhar as mesmas crenças e as mesmas capacidades, os mesmos comportamentos e o mesmo ambiente quando a missão é a mesma.

RD: Descobrimos que, quanto mais um professor é capaz de ser totalmente ele mesmo enquanto ensina, mais fácil será fazer qualquer coisa. Quanto mais aquilo que ensinamos estiver relacionado à nossa missão, representando quem realmente somos, melhores professores seremos.

Um bom exemplo disso é retratado no filme *Stand and Deliver*, a respeito de um homem que decidiu ser professor numa escola de bairro, em Los Angeles. Ele transformou a tarefa de ensinar álgebra às crianças na sua missão e dedicou-se totalmente a ela. Paradoxalmente, quando nos dedicamos totalmente a alguma coisa, com freqüência parece que estamos nos esforçando menos. Algumas vezes, descobrimos que ser apenas nós mesmos torna tudo muito mais fácil. Muitos professores talvez pensem: "Já estou cansado no final do dia e você quer dizer que eu deveria me dedicar mais — dedicar-me mais ao ensino?" Acho que quando nos dedicamos totalmente àquilo que estamos fazendo, não ficamos exaustos. Na verdade, tudo se torna muito mais fácil. Porque não estamos em conflito — tentando ser uma pessoa diferente de quem realmente somos. Estamos totalmente congruentes a respeito daquilo que estamos fazendo.

TE: Se tivermos uma missão firme e um relacionamento forte, tornaremos possível uma tarefa aparentemente impossível. Então, o foco total pode voltar-se para o *como*, a estratégia para atingir o objetivo. Na realidade, um elemento-chave no filme é que os alunos foram acusados de "colar" porque todos cometeram os mesmos erros na prova. Ele ensinara a própria estratégia para solucionar problemas de álgebra com tanto sucesso, que todos cometiam os mesmos erros. Para mim, isso confirmou a importância da missão e do relacionamento. Não foi como se, de repente, aqueles alunos aprendessem a ser espertos, compensando todos os anos em que freqüentaram a escola. Era algo que tinha a ver com o seu relacionamento com os alunos e a sua habilidade para transferir o seu senso de missão; foi isso que mudou tudo.

RD: Poderíamos chamar isso de uma espécie de estratégia "de cima para baixo". Em vez de começarmos dizendo: "É isso o que você vai aprender", perguntamos: "Quem é você?" Então, perguntamos: "O que é importante para você?" Depois, podemos perguntar: "O que você já sabe como fazer?" Depois disso, podemos começar a lidar com o "o quê", o conteúdo da tarefa da aprendizagem e relacioná-la ao como, porquê e quem dos alunos.

O desafio básico em qualquer processo de ensino ou treinamento é levar o aluno a:

a) *querer* aprender as habilidades visadas;
b) aprender *como* utilizar essas habilidades e estratégias de forma pragmática e eficaz; e
c) ter a *oportunidade* de praticá-las em contextos que realmente irão torná-las uma parte do seu comportamento.

TE: Surgem muitos problemas quando professores ou alunos não reconhecem a necessidade desses três processos.

RD: Por exemplo, um professor diz à classe o que fazer, e um aluno levanta a mão e faz uma pergunta que, no fundo, significa algo parecido com: "De que maneira?" ou "Por quê?". Ou o professor apenas explica novamente o que fazer ou fica indignado com a insolência do aluno.

No processo da Aprendizagem Dinâmica, acreditamos que um processo eficaz de aprendizagem é aquele que nos envolve mental, física e emocionalmente, proporcionando um *feedback* imediato para a pessoa envolvida no processo de aprendizagem. Pela interação com o instrutor, com os colegas e com a matéria da aprendizagem no contexto de ensino, o aluno leva consigo algumas habilidades pragmáticas que poderá usar na vida real.

Programação Neurolingüística

RD: A maior parte do processo da Aprendizagem Dinâmica é extraída dos princípios e da tecnologia da Programação Neurolingüística. A PNL trata da interação dinâmica entre os três processos essenciais por meio dos quais criamos os nossos modelos de mundo. *Neuro* está relacionado ao sistema nervoso. Não apenas ao cérebro, mas a todo o sistema nervoso. Pessoas como Descartes tentaram separar a mente do corpo. Mas quando pensamos na mente como o nosso sistema nervoso, percebemos que ele se estende por todo o corpo. Mover a cabeça envolve o sistema nervoso, tanto quanto sentar e pensar. O coração e o estômago, por exemplo, têm a sua própria conexão neural interna. A conexão do estômago é, sob alguns aspectos, tão complexa quanto determinadas estruturas do cérebro. É como se fosse o nosso próprio minicomputador *on-line* em nosso sistema nervoso. Acreditamos que o coração faça parte de todo o sistema nervoso, tanto quanto o cérebro; para não mencionar os dedos dos pés, os braços e as pernas. Assim, a aprendizagem ocorre no sistema nervoso *como um todo*.

TE: Se você não acredita nisso, pense em alguém que utiliza muito as mãos enquanto fala e peça-lhe para sentar sobre elas e tentar continuar a conversa. Algumas pessoas não conseguem dizer uma palavra se não puderem mexer as mãos.

RD: A parte *lingüística* da PNL lida com o fato de que, como seres humanos, desenvolvemos os nossos sistemas de comunicação num grau muito elevado, particularmente no que se refere à linguagem.

Da mesma forma, assim como a complexidade e a sofisticação de nossa linguagem nos diferenciam tanto dos outros animais, a nossa habilidade para usar a linguagem reflete amplamente a habilidade do nosso sistema nervoso. Naturalmente, a nossa linguagem é influenciada pelo sistema nervoso e, da mesma maneira, o sistema nervoso é moldado por ela. A linguagem é uma das ferramentas e um dos assuntos principais na aprendizagem humana e em todas as formas de educação. Seja a linguagem da matemática, de um outro idioma, da grafia, da gramática ou da composição criativa, a maior parte do que fazemos na escola gira em torno dos processos de linguagem e de lingüística. Assim, a neurolingüística trata da interligação íntima entre a linguagem e o sistema nervoso.

A parte *programação* da PNL lida com a maneira como os nossos sistemas neurológico e de linguagem formam estruturas que criam os nossos modelos de mundo. É interessante notar que a área e a tecnologia da PNL surgiram mais ou menos na mesma época do computador pessoal. Certamente, uma das implicações da PNL é a de que o computador pessoal mais importante é aquele que está entre as nossas orelhas e atrás dos nossos olhos. Na visão da PNL, esse é um computador pessoal que podemos programar e com o qual podemos brincar, como qualquer outro computador pessoal.

TE: O computador, em si, é projetado para ser amigável, mas, algumas vezes, os programas não são tão amigáveis.

RD: Isso depende de quem o programou. Se tentarmos usar o programa de outras pessoas, nem sempre elas serão amigáveis conosco. Mas, de certo modo, é disso que trata a PNL — como conseguir que esse computador seja cada vez mais amigável.

TE: A nossa crença é a de que a unidade de processamento central do nosso corpo é extremamente amigável. Na verdade, ela irá em frente e aprenderá sem precisarmos fazer absolutamente nada — ela está do nosso lado. Entretanto, há uma diferença entre o *hardware* que, nesse caso, é aquilo que biologicamente está lá dentro, e o *software*, que é a maneira como toda essa linguagem e neurologia estão organizadas. As pessoas não têm cérebros defeituosos. Elas podem ter programas que não funcionam bem, mas não cérebros imperfeitos.

RD: Agora, nem todas as pessoas têm cérebros exatamente iguais, assim como nem todos os computadores são iguais. Os computadores da IBM são diferentes dos da Apple, e assim por diante. Portanto, um dos objetivos da aprendizagem e do ensino eficazes é aprender a nos comunicarmos com diferentes tipos de "computador".

TE: Naturalmente, sob aspectos muito importantes, o cérebro das pessoas funciona de maneira diferente daquela dos computadores. Se os computadores de programadores agissem como cérebros humanos, eles ficariam muito surpresos. O cérebro está sempre formando novas conexões neurológicas. Seria como se deixássemos o nosso computador, durante o fim de semana, e voltássemos na segunda-feira para descobrir que ele soldou novas conexões; que, sozinho, ele colocou novos fios e soldou conexões que nunca colocamos lá dentro. Os computadores não funcionam assim, e essa é a diferença entre eles e o cérebro humano. Ambos são programáveis, mas só os seres humanos podem metaprogramar ou reconectar os próprios computadores. Essa é a diferença — é por isso que não somos autômatos, apesar de o nosso cérebro ter a habilidade para funcionar de forma linear estratégica. Podemos reprogramá-lo, mas o computador não pode reprogramar-se. É isso que nos torna diferentes dos computadores.

Equilibrando tarefa e relacionamento

RD: Sabemos que muitas pessoas vão pensar: "Ah! Pensar no cérebro como um computador é tão mecânico e impessoal. Eu não quero pensar no cérebro do meu filho ou no dos meus alunos como se ele fosse um computador". Entretanto, vimos pessoas fazerem coisas desumanas a crianças e alunos, precisamente por *não* pensarem no cérebro como sendo igual a um computador. Um professor dirá: "Aquele aluno está com um problema de comportamento e não está aprendendo. Ele deve ser resistente, hiperativo ou não está se esforçando". Mas, talvez, tudo o que realmente precise acontecer seja o professor falar com o cérebro daquele aluno numa linguagem que possa ser compreendida. O paradoxo dessa abordagem é que, se imaginarmos o cérebro como um computador poderemos nos tornar pessoas muito mais humanas, porque não começaremos a pensar: "Ah, esse garoto idiota, ele está resistindo a mim, ele está procurando briga, ou ele está fazendo isso de propósito". Uma das coisas que perceberemos, se alguma vez já tivermos tentado trabalhar com um computador, é que ele não tem más intenções. O computador não resiste. O computador não está tentando fazer alguma coisa só para criar caso ou nos manipular. Pode ser útil pensar nas pessoas dessa maneira. Algumas vezes, isso nos ajudará a agir com mais humanidade, porque não projetaremos esse tipo de intenções negativas e perceberemos que o cérebro da pessoa está falando na única linguagem que conhece.

TE: Novamente, é um equilíbrio entre tarefa e relacionamento. Em termos de tarefa, talvez queiramos pensar no cérebro da criança como sendo igual a um computador para compreender onde o programa não está funcionando. Isso permite um estreitamento do relacionamento porque não estaremos projetando problemas relacionados à tarefa no relacionamento com a criança.

RD: Se conseguirmos ser muito habilidosos com relação à tarefa, ficaremos livres para realmente enfatizar a parte humana do relacionamento com uma pessoa. Tendo a escolha de pensar no cérebro como um computador, teremos muito mais flexibilidade para descobrir como lidar com os problemas de aprendizagem.

TE: Além disso, se não tivermos a tecnologia para abordar problemas com a tarefa, acabaremos fazendo algumas coisas bastante desumanas, por ignorância ou por falta de outras alternativas. Por exemplo, periodicamente, drogas como o Ritalin[1] reaparecem no sistema escolar. Apesar de eu ter a certeza de que essas drogas são defendidas por pessoas muito bem-intencionadas, a mensagem é que o cérebro não é tão sofisticado quanto um computador. Ao contrário, o cérebro é como um motor, e precisa de um bom óleo para motor ou alguma coisa assim. "Vamos colocar um gás octano mais potente e ver se isso resolve o problema". É o tipo de coisa que pode fazer sentido para alguém que está focalizado nos relacionamentos, mas não tem uma tecnologia comportamental eficiente. Comparar o cérebro de uma criança a um computador pode parecer uma maneira fria, calculista e impessoal de pensar nela, mas poderíamos considerar igualmente impessoal, calculista ou frio, forçar uma criança a tomar

---

1. Estimulante do sistema nervoso central, recomendado para portadores de ADHD (sigla em inglês para o Distúrbio de Hiperatividade e Déficit de Atenção). (N. do T.)

Ritalin em lugar de descobrir por que o seu sistema nervoso precisa ficar tão excitado e criativo na classe.

Homem: Eu só quero fazer um comentário a respeito do Ritalin. Concordo com você e gostaria de aprender, nesses *workshops*, a lidar de outra maneira com esses tipos de comportamentos, mas não tive muitas experiências com eles. O Ritalin é uma outra ferramenta, que poderia dar certo, se não tivermos nenhuma outra para trabalhar e que poderia ser bem-sucedida.

RD: De certo modo, essa é a nossa opinião. Na ausência de outras alternativas, as drogas tornam-se uma opção viável. Não estamos afirmando que elas não são ferramentas viáveis quando não temos outras escolhas. O que estamos dizendo é que pode haver outras escolhas tão eficazes e talvez ainda mais simples e ecológicas. Não estamos defendendo o uso ou não do Ritalin, estamos defendendo a busca constante de mais opções. A PNL trata do acréscimo de escolhas e não da sua eliminação.

TE: Também considero a tendência periódica a aumentar o uso de algo como o Ritalin como um sinal de mudança de atitude. Isto é, o Ritalin não lida com o problema da aprendizagem. Ele lida com o *comportamento* da criança na sala de aula. A pergunta é: "Qual é o seu objetivo?" Facilitar a aprendizagem e a socialização ou simplesmente eliminar um comportamento problemático? A minha preocupação é a de que, quanto mais aceitarmos interferências como o Ritalin, mais as pessoas irão usá-las. Não para ajudar na educação e na aprendizagem, mas para controlar a classe. É mais uma ferramenta para lidar com uma classe do que uma ferramenta de aprendizagem.

Mulher: Há pouco tempo, li num estudo científico que o Ritalin não fazia absolutamente nada para modificar o comportamento que contribuía para o processo de aprendizagem de uma criança.

RD: Lembre-se: em nossa abordagem de múltiplos níveis à aprendizagem, as influências comportamentais e ambientais têm um lugar, mas não são os únicos fatores a ter impacto na aprendizagem.

TE: Algo como o Ritalin pode ser uma ferramenta eficaz para influenciar o comportamento, mas não necessariamente para modificar a programação no nível de capacidades, crenças, valores ou identidade.

RD: Certamente, a mecânica do computador é importante. Se dentro dele houver todo tipo de más conexões, o *software* será mal-informado e talvez seja preciso abri-lo e lidar mecanicamente com ele. Por intermédio da tecnologia da PNL, esperamos acrescentar mais escolhas para influenciar esses níveis mais elevados de programação. Embora possamos influenciar o funcionamento de um computador colocando óleo em algumas partes ou modificando o nível de força que ele está recebendo, essas intervenções não corrigirão o vírus no *software*.

Nosso ponto principal é o de que quanto mais *hi-tech* obtemos, mais *hi-touch* precisamos nos tornar. Realmente, desejamos enfatizar esse equilíbrio. Quanto mais falarmos sobre pensamento como programação, mais estaremos enfatizando também o aspecto do relacionamento. Ao ampliar essas duas dimensões, acrescentaremos cada vez mais escolhas.

TE: A Aprendizagem Dinâmica não é algo que vem dentro de uma garrafa ou sob a forma de um comprimido, em que obtemos a mesma dose todos os dias. Se "administrarmos" as estratégias da Aprendizagem Dinâmica da mesma forma como administraríamos uma droga, não estaremos realmente nos envolvendo na Aprendizagem Dinâmica.

RD: Quando esquecemos a identidade de uma criança, esquecemos a sua motivação. Sempre que fazemos uma abordagem do tipo *rígida/inflexível*, independentemente da tecnologia utilizada, começamos a correr o risco de perder o importante equilíbrio entre tarefa e relacionamento.

Um dos princípios básicos da Aprendizagem Dinâmica é o de que quanto mais usarmos a nossa capacidade neurológica para representar alguma coisa, mais aprenderemos a seu respeito. Se for preciso comprometer metade da nossa capacidade neurológica para lutar contra o professor e a outra metade para nos concentrarmos na tarefa, teremos menos neurologia disponível para dedicar à tarefa da aprendizagem. Se envolvermos metade da nossa neurologia para nos preocuparmos com o que as outras pessoas estão pensando a nosso respeito e a outra metade para tentar aprender alguma coisa, novamente, provavelmente não seremos capazes de aprender tão bem como nos momentos em que conseguimos envolver totalmente a nossa neurologia na aprendizagem.

TE: O envolvimento da neurologia não é afetado apenas por questões interpessoais. Há também microníveis de influências. Por exemplo, algumas pessoas envolvem uma quantidade considerável da sua neurologia lutando contra coisas como a gravidade. Em outras palavras, elas têm dificuldade até mesmo para se manter em pé e equilibradas por causa da postura e de outros hábitos de níveis mais profundos. Muitas crianças não passaram pela experiência de aprender como mover o corpo de maneira eficaz. Elas utilizam até metade da sua capacidade neurológica apenas para evitar cair ou tropeçar em alguma coisa, ou para se manter despertas e alertas enquanto estão sentadas na sala de aula. Metade do tempo, elas estão lutando contra a gravidade, e a outra metade tentando aprender.

RD: Talvez seja assim que funcione uma droga como o Ritalin. Ela diminui a quantidade de ruído neurofisiológico. Acho que é disso que trata a prontidão para aprender. A prontidão para aprender depende do quanto eu preciso usar a minha neurologia para lidar com a situação externa — seja para me equilibrar, me defender dos valores ou julgamentos de outras pessoas, ou para tentar manter um relacionamento — e quanto da minha neurologia está realmente envolvida no processo de aprendizagem.

O Modelo ROLE

RD: É nessa estrutura que gostaríamos de começar a examinar a "Neurolingüística" da aprendizagem. Chamamos o modelo básico, a partir do qual atuamos, de Modelo ROLE. Ele se refere à maneira como os nossos sentidos e sistemas representacionais sensoriais influenciam as nossas habilidades para sermos eficientes nas diversas tarefas e relacionamentos que compõem a nossa vida.

O objetivo do processo de modelagem ROLE é o de identificar os elementos essenciais de pensamento e de comportamento usados para produzir determinada resposta ou resultado. Isso envolve a identificação das etapas críticas da estratégia mental e o papel que cada uma delas desempenha no "programa" neurológico global. Esse papel é determinado pelos quatros fatores a seguir, indicados pelas letras que formam o nome do modelo ROLE — *Sistemas Representacionais; Orientação; Ligações; Efeito.*

Os **Sistemas representacionais** referem-se ao sentido mais dominante para determinada etapa mental na estratégia: **V**isual (visão), **A**uditivo (som), **C**inestésico (sentimento), **O**lfativo (odor), **G**ustativo (paladar).

A nossa principal experiência do mundo ocorre por meio dos sentidos da visão, da audição e do tato.

Cada sistema representacional capta determinadas qualidades básicas das experiências que percebe. Essas qualidades incluem características como *cor, brilho, tom, sonoridade, temperatura, pressão etc*. Essas qualidades são chamadas de "submodalidades" em PNL, uma vez que são subcomponentes de cada um dos sistemas representacionais.

A *Orientação* verifica se determinada representação sensorial está focalizada (**e**)xternamente, no mundo exterior ou (**i**)nternamente, voltada para as experiências (**l**)embradas ou (**c**)onstruídas. Por exemplo, quando vocês estão vendo alguma coisa, ela está no mundo exterior, na memória ou em sua imaginação?

No modelo da PNL, as pessoas geralmente têm uma orientação e um sistema representacional muito valorizado ou preferido para determinadas tarefas e contextos. Com freqüência, as diferenças nas preferências do sistema representacional são responsáveis pelas diferenças no desempenho relativas a diversas atividades de aprendizagem. Por exemplo, imagine a interação a seguir. Uma criança com problemas para soletrar palavras está conversando com o seu professor:

Aluno: Realmente, não me *sinto* excitado com relação a aprender a soletrar corretamente.

Professor: Bem, acho que se *analisarmos* bem o seu problema, você *verá* que não é tão difícil aprender essas palavras.

Aluno: Realmente, não é uma coisa com a qual eu consiga entrar *em contato*.

Professor: Você não está se esforçando o suficiente. *Olhe* para elas com um pouco mais de atenção.

Aluno: Eu não consigo *perceber*.

Professor: Preste atenção ao que estou tentando lhe *mostrar*. Apenas *concentre-se* no seu trabalho. Com um pouco de esforço ele ficará mais *claro*.

Aluno: Ah!, tudo bem. *Sinto* que esse vai ser outro dia aborrecido na escola.

RD: Infelizmente, essa troca é típica daquilo que, com freqüência, ocorre na escola entre professores e alunos. Um professor bem-intencionado e um aluno com um genuíno desejo de aprender não conseguem relacionar-se no processo de aprendizagem. No exemplo citado, o aluno está falando sobre a importância dos *sentimentos* como parte do processo de aprendizagem, enquanto o professor está focalizado nos aspectos *visuais* da tarefa. A partir da perspectiva do modelo ROLE, aluno e professor seriam beneficiados se ampliassem os seus mapas cognitivos de maneiras diferentes.

O aluno precisa aprender a desenvolver as suas capacidades visuais (e talvez auditivas) no que se refere à tarefa de soletrar. O professor precisa desenvolver sua habilidade para perceber as pistas oferecidas pela linguagem do aluno e assemelhar o principal sistema representacional do aluno para estabelecer um relacionamento melhor. Por exemplo, o professor poderia começar reconhecendo ou "acompanhando" a necessidade do aluno por um sentimento diferente com relação a soletrar, e, então, "conduzi-lo" para que desenvolva uma estratégia mais visual para aprender a soletrar palavras.

A premissa fundamental do modelo ROLE é a de que, independentemente de estarmos aprendendo nomes, soletrando, aprendendo álgebra, ensinando um outro idioma ou interagindo com outras pessoas, o fazemos envolvendo os nossos sistemas representacionais sensoriais — e ajudando os outros a envolver os deles. Ao interagirmos com o mundo à nossa volta, vemos, ouvimos, sentimos, cheiramos e provamos as coisas. Então, internamente, criamos mapas mentais dessas informações sensoriais. Armazenamos essas informações sensoriais e as organizamos, associando-as a outras representações, neurológica e lingüisticamente — nós as associamos a outras visões, sons, sentimentos, odores e sabores internos.

A letra "L" do modelo ROLE significa Ligações, as quais se referem à maneira como determinada etapa ou representação sensorial está ligada a outras representações. Por exemplo, alguma coisa vista no ambiente externo está ligada a sentimentos internos, imagens lembradas, palavras? Determinado sentimento está ligado a imagens construídas, lembranças de sons ou outros sentimentos? Há duas maneiras básicas de ligar essas representações: seqüencial e simultaneamente. As ligações seqüenciais agem como *âncoras* ou gatilhos, com uma representação após a outra, numa cadeia linear de eventos. As ligações simultâneas ocorrem como aquilo que é chamado de *sinestesia*. As ligações sinestésicas têm a ver com a justaposição constante entre representações sensoriais. Determinadas qualidades de sentimentos podem estar ligadas a determinadas qualidades de imagens — por exemplo, visualizar a forma de um som ou ouvir uma cor. Certamente, os dois tipos de ligações são essenciais para o pensamento, a aprendizagem, a criatividade e a organização geral de nossas experiências.

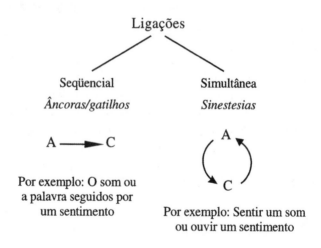

Tipos de ligações entre as representações sensoriais

Efeito, a letra "E" no modelo ROLE, refere-se ao resultado, ao efeito ou ao objetivo de cada etapa no processo de pensamento. Por exemplo, a função da etapa poderia ser a de gerar ou receber uma representação sensorial, testar ou avaliar determinada representação sensorial ou operar para modificar parte de uma experiência ou comportamento com relação à representação sensorial.

Em nossa opinião, o que faz a diferença entre um "bom" e um "mau" soletrador, por exemplo, é a maneira como eles orientam e juntam os diversos sentidos e representações sensoriais. Eles têm aquilo que poderíamos chamar de diferentes "receitas" para soletrar.

TE: Como analogia, suponhamos que tenha havido um concurso culinário e que cada um de nós, Tom, Julie e eu, tenha feito um bolo de chocolate para o concurso. E, digamos que, enquanto fazíamos os nossos bolos, anotávamos as quantidades dos diferentes ingredientes que usamos, a maneira como foram misturados, durante quanto tempo assamos os bolos e a temperatura do forno. Imagine que, ao terminarmos, cada um de nós tenha feito um bolo de chocolate diferente. Entretanto, depois de provarmos os bolos, todos concordamos que o de Tom era o melhor. Se quisermos saber como Tom fez o dele, para podermos fazer o mesmo tipo de bolo, teríamos de examinar a sua receita e descobrir as diferenças entre o que Julie e eu fizemos ao juntar os ingredientes.

RD: Igualmente, acreditamos que a principal diferença entre um "bom" e um "mau" soletrador está na "receita" mental que eles usam para chegar a determinada maneira de soletrar. Como outra analogia, ter a estratégia correta para fazer alguma coisa é como discar o número certo de telefone. Se a sua casa está pegando fogo e você quiser ajuda, precisa discar 190 ou qualquer outro código para emergências. Por outro lado, se você quiser pedir uma pizza, discará um número diferente.

TE: Ou pode ligar para o meu tio. Ele sabe o número.

RD: Uma das coisas difíceis na área educacional, no que se refere a obter esses "números de telefones" mentais, é que a maioria das pessoas que se destaca naquilo que faz não tem os seus números de telefone na lista. Em outras palavras, perguntamos: "Como você faz isso?" Elas respondem, "Eu não sei" ou "Bem, eu apenas sei fazer. Eu só penso no que estou fazendo". Agora, isso não nos dá muita informação. Elas nem mesmo nos dão o prefixo.

Assim, é importante ter alguns métodos para obter essa informação de uma pessoa porque, na verdade, ela não está tentando escondê-la. Acredito que esse seja o resultado de um fenômeno básico de aprendizagem: "quanto mais aprendemos alguma coisa, menos temos consciência do que estamos fazendo". Por exemplo, quando estamos aprendendo a dirigir, precisamos nos lembrar de verificar os espelhos, soltar o breque de mão, olhar para os dois lados, e assim por diante. Mais tarde, esses comportamentos tornam-se tão automáticos que não precisamos mais ter consciência deles. Conscientemente, podemos pensar em outra coisa e dirigir com muita segurança e eficiência.

Em outras palavras, sabemos que aprendemos bem alguma coisa quando podemos fazê-la sem prestar atenção ao que estamos fazendo. Quando estava aprendendo a tocar guitarra, soube que estava realmente começando a pegar o jeito quando pude conversar com outra pessoa e continuar tocando, sem precisar concentrar toda a minha atenção na posição das notas. Isso é uma vantagem para quem está aprendendo, pois não precisamos mais perder tempo pensando no que estamos fazendo. Mas é um problema para quem está tentando entender como fazemos aquilo que fazemos, naturalmente, e também pode ser um problema se estivermos tentando modificar aquilo que já fazemos.

TE: Quem aprendeu a dirigir um carro hidramático e depois tentou aprender a dirigir um carro com embreagem, provavelmente pode entender o que Robert está dizendo.

RD: Para adaptar uma estratégia é bom saber de que maneira vocês já estão pensando nela. A habilidade para perceber como estamos pensando é chamada de "metacognição". Um dos benefícios da PNL é oferecer algumas ferramentas que possibilitam "ler a mente de alguém" até certo ponto. Há determinados tipos de pistas verbais e não-verbais que as pessoas mostram quando estão discando esses números de telefones internos e que nos ajudam a saber alguma coisa sobre o que está ocorrendo em suas mentes.

O Modelo BAGEL

RD: Em nossos exercícios de Aprendizagem Dinâmica iremos nos envolver em diversas tarefas de aprendizagem e observar as partes da nossa neurologia que estão sendo envolvidas e em que aspectos daquela tarefa. Para fazer isso, precisamos de alguns métodos para identificar os sentidos ou as combinações de sentidos que estão sendo mobilizados. A PNL utiliza diferentes distinções e estratégias que nos ajudam a conseguir isso. Juntamos essas diversas pistas e as denominamos de modelo BAGEL:[2]

---

2. No original em inglês **B**ody Posture, **A**cessing cues, **G**estures, **E**ye Movements, **L**anguage Patterns. (N. do T.)

Postura corporal.
Pistas de acesso.
Gestos.
Movimentos oculares.
Padrões de linguagem.

Postura corporal

Em geral, as pessoas assumem posturas corporais sistemáticas, habituais, quando estão pensando ou aprendendo. Essas posturas podem mostrar muita coisa a respeito do sistema representacional que a pessoa está usando. A seguir, alguns exemplos típicos:

a. Visual: *Recostada, com a cabeça e os ombros erguidos ou arredondados, respiração superficial*

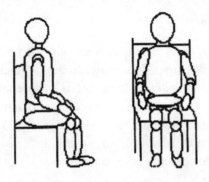

b. Auditivo: *Corpo inclinado para a frente, cabeça virada para o lado, ombros para trás, braços apoiados.*

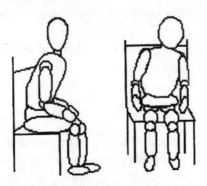

c. **Cinestésico:** *Cabeça baixa e ombros curvados, respiração profunda.*

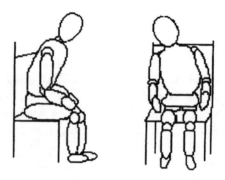

Pistas de acesso

Quando as pessoas estão pensando, elas dão pistas ou desencadeiam determinados tipos de representações de maneiras diferentes, incluindo: ritmo respiratório, "resmungos", expressões faciais, estalando os dedos, coçando a cabeça, e assim por diante. Algumas delas são muito pessoais e precisam ser "calibradas" com aquela pessoa em particular. Entretanto, muitas dessas "pistas de acesso" estão associadas a determinados processos sensoriais:

a. **Visual:** *Respiração superficial alta, olhos semicerrados, tom de voz mais elevado com ritmo mais rápido.*
b. **Auditivo:** *Respiração diafragmática, sobrancelhas franzidas, tom de voz e ritmo variáveis.*
c: **Cinestésico:** *Respiração abdominal profunda, voz baixa num ritmo mais lento.*

Gestos

Geralmente, as pessoas também tocam, apontam ou usam gestos indicando o sentido que estão usando para pensar. Alguns exemplos típicos incluem:

a. **Visual:** *Tocar ou apontar para os olhos; gestos feitos acima do nível dos olhos.*

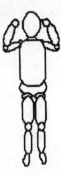

b. **Auditivo:** *Apontar para as orelhas ou gesticular próximo a elas; tocar a boca ou o maxilar.*

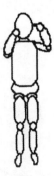

c. **Cinestésico:** *Tocar o tórax e a área do estômago; gestos feitos abaixo do pescoço.*

Movimentos oculares

Outro tipo de pista vem na forma de movimentos oculares. Com o objetivo de preparar o sistema nervoso para perceber ou recuperar informações, há determinados tipos de pistas que colocam a nossa neurologia num estado de prontidão. Por exemplo, a posição dos olhos desempenha um papel na organização neurofisiológica, que facilita a representação ou a recuperação de informações. Se quisermos ajudar alguém a tornar-se mais apto para visualizar alguma coisa — concebê-la em sua mente — poderíamos fazê-la mover a cabeça e os olhos para cima. Se desejamos preparar alguém para sentir alguma coisa profundamente, poderíamos fazê-la abaixar a cabeça e os olhos. No modelo da PNL, os olhos não são apenas "as janelas da alma", também são as janelas que nos mostram como alguém está pensando. Eles também ajudam a preparar as pessoas para usar a neurologia com o propósito de aprender. A PNL agrupou essas pistas no seguinte padrão:

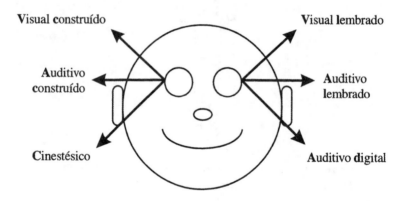

Movimentos Oculares e Sistemas Representacionais

Padrões de linguagem

Um método básico de análise da Neurolingüística é buscar padrões lingüísticos particulares, como os "predicados", que indicam um determinado sistema representacional neurológico ou submodalidade, e como esse sistema ou essa qualidade está sendo usada no programa global de pensamento. A abordagem da PNL é levar a sério aquilo que as pessoas dizem sobre os seus sentidos. Por exemplo, se alguém diz: "Tenho a *sensação* de que alguma coisa está acontecendo". Acreditamos que, de fato, ela tenha uma sensação.

TE: Se alguém diz: "Ah, eu *vejo* o que você está *dizendo!*", concluímos que a pessoa realmente está formando algum tipo de imagem baseada nas palavras. Igualmente, se um aluno diz: "Eu não entendo isso. Eu não vejo o que você está dizendo", a nossa interpretação é a de que ele está dizendo: "Eu não consigo formar uma imagem das suas palavras e até que eu possa formar uma imagem, não vou entender".

RD: Se um aluno diz: "Alguma coisa me *diz* que isso vai ser difícil", acreditaríamos que, provavelmente, algum programa interno está lhe dizendo que vai ser difícil.

Uma das coisas interessantes sobre a PNL é que, sob determinados aspectos, acreditamos literalmente nas pessoas. Em geral, a linguagem é um reflexo direto ou um eco dos processos neurológicos que a pessoa está utilizando num nível mais profundo para formar a sua linguagem. Apresentamos a seguir uma lista dos tipos de palavras que poderiam servir de pistas dos processos visuais, auditivos ou cinestésicos (sentimentos e sensações corporais). Além de nos dar pistas a respeito de como as pessoas estão pensando, essas também são qualidades de linguagem que podemos usar para sermos mais precisos no estabelecimento do *rapport* ou na apresentação de instruções.

VISUAL	AUDITIVO	CINESTÉSICO
"ver"	"ouvir"	"pegar"
"olhar"	"escutar"	"tocar"
"visão"	"som"	"sentimento"
"claro"	"ressoante"	"sólido"
"brilhante"	"alto"	"pesado"
"imagem"	"palavra"	"lidar"
"obscuro"	"barulhento"	"áspero"
"esclarecer"	"toca um sino"	"associar"
"mostrar"	"dizer"	"mover"

Identificando um estado efetivo de aprendizagem

Na Aprendizagem Dinâmica, o estado da fisiologia de uma pessoa é tão importante quanto o material instrutivo que ela recebe.

A prontidão neurofisiológica é tão importante quanto as instruções que recebemos.

Ler um livro sem estar no estado de prontidão não nos proporcionará o envolvimento total da neurologia exigido para a plena memorização. Como professores ou autores, podemos dar ótimas informações para as pessoas, usar a linguagem correta e todas as apresentações e técnicas certas, mas a mensagem que estamos enviando é apenas metade delas. Temos um "receptor" do outro lado que precisa estar preparado para receber.

Como primeira atividade da Aprendizagem Dinâmica, identifique as pistas que acompanham os seus próprios estados efetivos de aprendizagem. Então, enquanto lê este livro, certifique-se de que você é capaz de permanecer nesse estado tão completamente quanto possível.

Geralmente, é mais fácil identificar as pistas comportamentais associadas a determinado estado por meio de um processo conhecido na PNL como *"análise por contraste"*. A análise por contraste envolve a comparação de determinado processo ou experiência com outra experiência muito diferente. Isso ajuda a trazer para o primeiro plano as diferenças mais significativas.

Postura corporal e Aprendizagem

Lembre-se de uma ocasião em que você foi capaz de aprender fácil e efetivamente. Coloque-se plenamente naquela experiência e observe o que acontece com a sua fisiologia. Faça um círculo nas figuras apresentadas a seguir, e as que melhor representam sua postura quando você está nesse estado efetivo de aprendizagem.

Procure lembrar-se de uma ocasião em que você estava tentando aprender, mas ficou sem ação ou distraído. Volte àquela experiência e observe o que acontece de diferente com a sua fisiologia. Faça um quadrado em volta das figuras que melhor representam sua postura quando você está sem ação ou distraído (escolha uma de frente e uma de lado).

[Nota: se você for um aluno mais auditivo ou cinestésico, talvez queira um parceiro para observá-lo ou olhar no espelho quando estiver nos estados efetivo ou distraído de aprendizagem.]

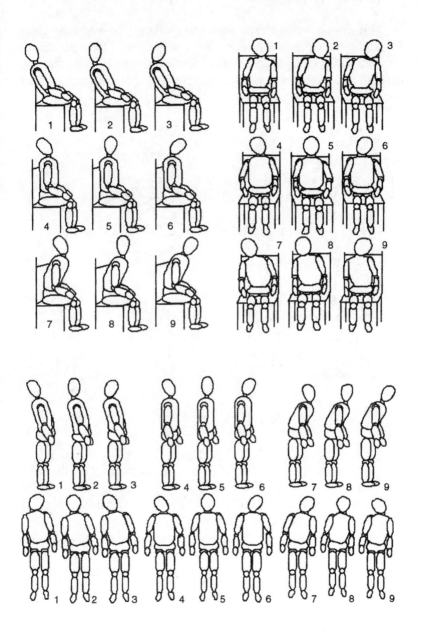

Gestos e Aprendizagem

Novamente, volte à experiência na qual você foi capaz de aprender fácil e efetivamente, e observe a sua fisiologia. Faça um círculo em volta da figura do grupo abaixo que representa os gestos que você usa com mais freqüência no estado efetivo de aprendizagem ou desenhe os gestos na figura da direita.

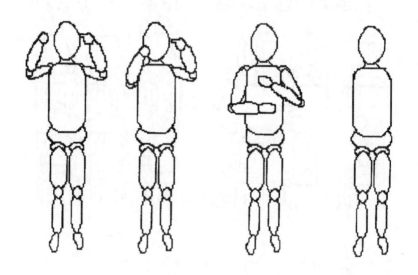

Gestos para o estado efetivo de aprendizagem

Volte à experiência na qual você ficou sem ação ou distraído. Faça um quadrado em volta da figura do grupo a seguir que representa os gestos que você usa com mais freqüência no estado distraído ou sem ação ou desenhe os gestos na figura da direita.

[Novamente, se você for um aluno mais auditivo ou cinestésico, talvez queira um parceiro para observá-lo, ou olhar no espelho quando estiver nos estados efetivo ou distraído de aprendizagem.]

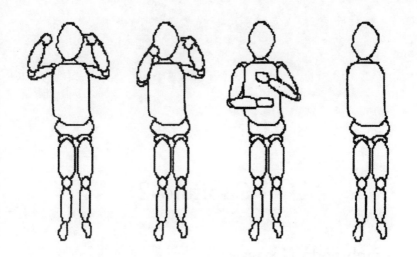

Gestos para o estado sem ação ou distraído

Posição dos olhos e Aprendizagem

Novamente, compare as experiências do estado efetivo de aprendizagem com o estado sem ação. Nos diagramas abaixo indique: a) a(s) posição(ões) dos olhos que está(ão) mais associada(as) ao seu estado efetivo de aprendizagem e b) a(s) posição(ões) dos olhos que está(ão) mais associada(as) a um estado sem ação ou distraído. Se houver mais de uma, indique a seqüência ou a ordem geralmente seguida pelos movimentos oculares. Você pode usar números ou flechas.

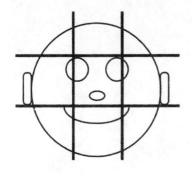 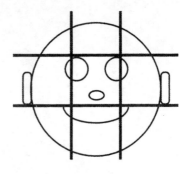

Estado efetivo de aprendizagem   Estado sem ação ou distraído

Capítulo 2

Lembrando Nomes

Resumo do Capítulo 2

- Exercício do crachá
- Evocando estratégias para lembrar nomes
- Resumo das estratégias efetivas para lembrar nomes

Lembrando nomes

RD: Para mostrar às pessoas como usamos os princípios e distinções fundamentais da Aprendizagem Dinâmica em nossos seminários, geralmente começamos explorando algumas estratégias para lembrar nomes. Esta é uma boa estratégia de aprendizagem, porque é uma tarefa de aprendizagem bem definida e tem uma óbvia evidência do sucesso. É algo que você pode verificar imediatamente: ou uma pessoa lembra-se do nome de alguém ou não se lembra.

Exercício do crachá

Para que as pessoas saibam os nomes umas das outras, começamos os seminários de Aprendizagem Dinâmica com um exercício de *rapport*, no qual elas têm a oportunidade de se conhecer. Nós lhes pedimos que virem seus crachás com seus nomes e escrevam no verso "alguma coisa que fazem bem" — uma capacidade. Pode ser qualquer coisa, desde escrever, ler, até criatividade e música.

Num ótimo ambiente de aprendizagem cada participante poderia beneficiar-se daquilo que cada um dos outros tem a oferecer em termos de recursos, habilidades e capacidades.

Portanto, pedimos que as pessoas escrevessem uma capacidade que elas pudessem compartilhar com os outros, deixando esse lado à mostra, em lugar do nome. Assim, as instruímos a fazer quatro perguntas:

1) *Quem é você?* Um nome é apenas uma das respostas; uma resposta parcial. Com o que você se identifica? Mencione alguma coisa relacionada à sua missão pessoal ou profissional.

2) *Por que você está aqui?* Por que você deseja aprender? Por que você está envolvido com a aprendizagem ou com o ensino? Mencione algo realmente importante para você. O que você valoriza na aprendizagem? Não nesse seminário, em particular, mas na aprendizagem em geral. Você não sabe tanto a respeito desse seminário, mas está aqui porque valoriza a aprendizagem. É algo que está relacionado à sua missão porque tem valor, há uma motivação.

3) *Que capacidade você gostaria de desenvolver?* Não uma capacidade que já possui e que escreveu no seu crachá, mas que você gostaria de desenvolver mais.

4) *Que comportamento você desempenha bem, mas gostaria de aprender mais a respeito de como você faz?* Alguma coisa que faz bem, mas não sabe, necessariamente, como faz tão bem. Por exemplo, uma pessoa pode saber esquiar, mas não sabe como ensinar alguém a esquiar. Alguém pode ser capaz de se comunicar bem com determinados alunos, mas não sabe exatamente como faz isso; pode ser criativo em certas áreas, mas não está totalmente consciente de como o faz. Em essência, é um comportamento no qual você sabe o que, mas não está consciente do como.

Depois de fazer essas quatro perguntas: (1) quem você é?; (2) por que está aqui? por que você está interessado?; (3) mencione alguma coisa que você gostaria de aprender como fazer; e (4) mencione um comportamento que você tem, mas que ainda não sabe como faz. Agora, elas podem perguntar: "Qual o seu nome?"

Enquanto os participantes do curso estão se conhecendo, são capazes de observar capacidades que os outros têm para compartilhar ou comentar. Isso cria um contexto no qual são descobertos os relacionamentos e as tarefas potencialmente compartilhados.

Quando voltam desse exercício, perguntamos se conheceram algumas pessoas e se podem lembrar-se dos nomes de todas. Também perguntamos quantos não conseguem lembrar-se dos nomes das novas pessoas que conheceram. Então, começamos a fazê-los explorar e comparar as suas estratégias mentais para lembrar-se dos nomes. A seguir, um exemplo de como agimos para "evocar" essas estratégias num grupo.

Evocando estratégias para lembrar nomes

RD: Linda, você conseguiu lembrar-se bem do nome das pessoas. Como, especificamente, você aprende o nome de alguém?

Linda: Eu pergunto mais de uma vez.

RD: Você só fica repetindo: "Qual o seu nome?", "Qual o seu nome?", "Qual o seu nome?"

Linda: Não, eu converso um pouco e, então, digo: "Queira repetir o seu nome". E eu realmente penso nele e o coloco aqui dentro.

RD: Como, especificamente, você faz isso?

Linda: Eu limpo a minha janela. Então, eu faço. Eu coloco aqui dentro.

RD: Estou percebendo uma coisa interessante quando você fala sobre "colocar aqui dentro". Os seus olhos movem-se para cima e para a esquerda. Em PNL isso nos diz algo importante a respeito daquilo que você está fazendo em sua mente. Vamos percorrer a seqüência passo a passo. Primeiramente, você diz que se prepara, você "limpa a sua janela". Quando você pergunta o nome da pessoa pela segunda vez, você está pronta para "colocá-lo lá dentro". Essa prontidão é uma parte importante da aprendizagem. Mesmo as tarefas mais simples parecem envolver a seqüência caracterizada por: preparar, apontar, fogo. Contudo, muitas pessoas pensam que aprender é apenas fogo, fogo, fogo. Preparadas ou não.

Linda: Eu preciso voltar e perguntar o nome da pessoa. Eu explico e peço desculpas. Você pode repetir o seu nome? E essa é minha âncora. Então, eu entendo e me lembro.

RD: Naturalmente, a coisa mais mágica é o que acontece no intervalo de tempo entre "entender" e "lembrar".

Linda: Eu me preocupo com o fato de não me lembrar do que elas dizem na primeira vez.

TE: Essa é a sua motivação para fazê-las dizer pela segunda vez?

Linda: Sim. Eu não me lembro do nome delas e estamos conversando sobre coisas muito pessoais.

TE: Portanto, a sua crença é a de que é importante lembrar-se do nome de alguém quando vocês vão falar sobre alguma coisa pessoal. E se você não se lembra quando elas dizem seu nome pela primeira vez, não consegue continuar a conversa.

Linda: Eu não consigo agüentar mais.

TE: O que acontece no início, quando você pergunta o nome pela primeira vez? É mais ou menos mecânico?

Linda: Eu nem ouço. Eu só pergunto por delicadeza.

TE: Apenas acontece. Você não está pronta para saber o nome neste momento.

Linda: Eu nem me lembro de tê-lo ouvido.

RD: Assim, a prontidão a prepara para fazer aquela mágica que ocorre entre o momento em que você ouve o nome e aquele em que você se lembra dele. Quando alguém lhe diz o seu nome, o que acontece logo depois que você o ouve? Pense numa pessoa desse grupo cujo nome você aprendeu. O que fez depois de ter ouvido o nome dela pela segunda vez?

Linda: Eu o fiz por associação. O nome dela é Sue e eu tenho uma irmã chamada Susan. Eu pronunciei o nome dela algumas vezes. Então, eu lhe perguntei: "Você gosta de ser chamada de Susan ou de Sue? Ela disse: "Sue". Portanto, é assim que eu me lembro. De certo modo, eu o carreguei um pouco.

RD: "Eu o carreguei um pouco". Como?

Linda: Eu apenas o tornei importante. Eu fiz uma coisa parecida com Diane. Eu tenho uma amiga com esse mesmo nome e Diane se parece com ela. O nome dela é Diana G. Assim, pensei nela.

RD: Então, o que eu estou ouvindo é que você procura associar o nome com outras pessoas que lhe são importantes.

Linda: Sempre.

RD: (Para o grupo.) Essa é uma primeira aproximação do tipo de coisa que chamamos de "estratégia" em PNL. É uma espécie de pro-
· grama: eu pego o nome da pessoa e tento associá-lo a outras pessoas, com as quais já tenho um relacionamento importante. É um programa que associa o nome a alguma coisa que já é importante para mim — coisas que pertencem à memória de longo prazo e não à memória de curto prazo. "Relembrar" alguma coisa pressupõe que seja uma "parte integrante" já há algum tempo. De certo modo, o que Linda está dizendo é: "Quando estou tentando lembrar-me de um nome, quero envolver mais a minha neurologia no processo, associando-o a mim ou a coisas que já são importantes para mim".

Linda: Eu invento nomes para as pessoas quando não consigo lembrar-me deles ou se eles não evocam alguma coisa. Ou seja, se Diane não fosse parecida com Diana ou Sue não tivesse o mesmo nome da minha irmã e eu não pudesse fazer essa relação; então, eu inventarei um nome para elas. Eu as forçarei a me deixarem usá-lo. Poderia ser um apelido — poderia até mesmo ser "Tigre", você entende. Eu pareço um vendedor de carros usados, mas quero chamá-las de outra coisa que não seja um vazio. Portanto, usarei alguma coisa. Direi "biscoito", mas o que parece doce, parece bom. Eu sou bem-educada.

Lisa: Linda, você também aumenta o nome. Ela me chama de "Lisa-Bonita".

Linda: Mudo o valor do nome para lembrar-me dele.

RD: (Para o grupo.) Há algumas coisas para as quais vou chamar sua atenção. Inicialmente, alguns de vocês podem achar que estou dissecando a experiência e o comportamento de Linda, mas não é nada disso. Na verdade, um dos motivos pelos quais estou chamando a sua atenção para essas coisas é porque essa é realmente uma maneira de começar a conhecer melhor uma outra pessoa. Quando as pessoas falam, elas têm a própria linguagem de sinais. Essa linguagem, normalmente, é compartilhada por muitas outras pessoas. Mas em geral nenhum de nós presta muita atenção a ela. Por exemplo, sempre que Linda dizia alguma coisa como: "Eu torno o nome importante para mim", "Eu o associo a coisas", "Eu lhe dou um valor", ela fazia um gesto e tocava o estômago com as mãos.

TE: Ela movia as mãos em sua direção. Para nós, seria significativo se as suas mãos não se afastassem do corpo. Elas iam em direção ao seu corpo.

RD: Linda afastou as mãos do corpo quando disse que queria chamar uma pessoa de outra coisa que não "um vazio". Para nós, esses não são apenas movimentos casuais. Eles começam a formar uma linguagem de sinais que eu posso desejar incorporar quando estiver me comunicando com Linda, especialmente se for alguma coisa muito importante (gestos com as mãos em direção ao seu estômago — divertimento geral). Em outras palavras, esses são gestos que eu talvez queira começar a incorporar em nossa comunicação como mensagens e metamensagens. Gosto de usá-las como uma cortesia para mostrar que realmente prestei atenção a todas as coisas que uma pessoa estava fazendo enquanto tentava comunicar-se comigo. E mais: na PNL esse tipo de gesto começa a nos mostrar coisas sobre os tipos de sentidos que alguém está usando.

TE: Comparemos a estratégia de Linda para lembrar-se dos nomes com a de outra pessoa. Qual é o seu nome?

Butch: Butch. Butch é um apelido.

TE: Não foi Linda quem lhe deu esse apelido, foi? (risos)

Butch: Não.

TE: Eu só quero verificar até aonde ela andou fazendo isso. Butch, você conheceu alguém?

Butch: Sim.

TE: Qual o nome dessa pessoa?

Butch: Patrícia.

RD: Como você se lembrou do nome de Patrícia?

Butch: Eu fiz contato visual e realmente tentei ouvir o nome.

RD: Essa é uma estratégia diferente da usada por Linda.

Linda: Sim. Eu não ouço o nome.

RD: Butch faz contato visual. Portanto, Butch, o que isso faz acontecer? Quando você realmente tenta ouvir o nome, o que significa realmente para você ouvir o nome?

Butch: De alguma maneira eu o internalizo. (Gestos em direção ao estômago.)

TE: (Para o grupo.) Vocês viram alguma linguagem de sinais aqui? Ele disse "de alguma maneira eu o internalizo", e gesticulou em direção ao estômago. Provavelmente, surge algum tipo de sentimento dentro de Butch quando ele está aprendendo um nome.

RD: Acho importante que ele não esteja ouvindo apenas com os ouvidos, mas que esteja ouvindo com o seu corpo.

Butch: E eu também considero muito importante saber os seus nomes. Saber que são alguém, que eu confirmo com um nome. Eu sei o nome de todos os meus alunos, numa classe de 32 crianças. E sei o nome de todos no primeiro dia de aula, antes de eles saírem da sala. Para mim isso é fundamental.

RD: Butch diz que ele "confirma" alguém com o seu nome. É como se os nomes tivessem alguma coisa a ver com identidade. Lembrar nomes tem a ver com valorizar uma pessoa. Isso também pode estar relacionado aos sistemas representacionais que mais valorizamos. Muitas vezes acho que as pessoas não se lembram dos nomes porque não os consideram importantes. Elas se lembram de rostos ou de lugares, mas não necessariamente de nomes. Acho que, tanto para Butch quanto para Linda, é muito importante que esse elemento auditivo — o nome — seja um sinal de respeito.

(Para Butch.) Você diz que é fundamental aprender os nomes; você passa por um processo semelhante ao de Linda? Procura associar o nome a alguém ou a alguma coisa importante para você? Ou tem um tipo diferente de estratégia?

Butch: Os rostos. Definitivamente, vejo o rosto — associo o rosto ao nome.

RD: Como especificamente você associa o rosto ao nome?

TE: No caso do nome de uma criança da sua classe, como você associa o nome ao rosto? Como você faz realmente? Você tem consciência disso?

Butch: É preciso haver alguma coisa a respeito da pessoa — uma característica. Algumas vezes, posso achar que o nome se encaixa perfeitamente àquela pessoa. Isso me ajuda a lembrar-me dela.

TE: Alguma coisa relacionada à sua aparência ou ao seu jeito de ser?

Butch: Alguma coisa que você pode perceber no primeiro dia de aula.

RD: Vamos explorar um pouco mais. Que tipo de nome combinaria com determinada maneira de se vestir?

TE: O que você faz com George?

Butch: George sempre teve uma aparência singular para mim. Por algum motivo, ele se encaixa naquela pessoa, na constituição daquela pessoa, não necessariamente suas roupas — mas as suas características — a sua maneira de agir, andar, falar.

RD: (Para o grupo.) Portanto, para Butch e para Linda, aprender um nome não é uma função de focalizar o som ou o nome, mas focalizar a pessoa. Esse foco parece realmente importante. Linda diz: "Eu nem mesmo tento ouvir o nome. Estou tentando prestar atenção à pessoa". Butch e Linda sentem que o nome de alguém tem alguma coisa a ver com a pessoa. Aquele nome não é apenas uma formalidade, mas tem alguma coisa a ver com uma afirmação ou qualidade de relacionamento.

TE: (Para Butch.) Quando as crianças deixam a sala de aula, naquele primeiro dia, você sabe que sabe os seus nomes? Quando elas não estão lá — já foram embora. Como você sabe que, quando foram embora, você sabe o nome delas?

Butch: Por tê-los pronunciado o dia inteiro, associando os nomes ao rosto.

RD: "Associar". Essa palavra é interessante para mim porque, na aprendizagem, associar uma coisa à outra, naturalmente, é muito importante. Como, especificamente, você associa uma coisa à outra?

Butch: Eu vejo os seus rostos em minha mente. Eu visualizo.

RD: (Para o grupo.) Observem como os olhos de Butch se movem para cima quando ele fala sobre visualizar. (Para Butch.) Você também cria uma imagem do nome?

Butch: Acredito que sim. Sim. Definitivamente, o rosto está lá.

TE: Você imagina os seus nomes escritos lá dentro? Eles estão representados de algum modo?

Butch: É uma espécie de palavra visual.

RD: Uma estratégia comum, que encontramos em pessoas que são capazes de lembrar-se bem de nomes, é fazer uma imagem do rosto em sua mente e, então, literalmente, fazer uma imagem visual de um crachá e grudá-lo na testa da pessoa. Alguns imaginam uma pequena placa com o nome. Você visualiza o nome junto com o rosto. Acho que a cola que une o nome e o rosto não significa apenas fazer uma imagem, a cola é evocar o sentimento de importância do qual Butch e Linda falaram, ou aquele tipo de associação com alguma coisa significativa. Naturalmente, nem sempre você consegue ver o nome da pessoa escrito. Mas mesmo que não esteja escrito, você cria uma palavra visual, Butch?

Butch: Sim.

RD: Linda, quando você se lembra do nome das pessoas, você tem palavras visuais para o nome?

Linda: Não que eu me lembre. Para mim é meio difícil entrar lá e verificar... Não. Eu apenas evoco o nome; ele não está escrito. Ele surge. Ele é relembrado.

TE: (Para o grupo.) Ouçam uma das palavras que ela usou aqui. Ela gesticulou com a mão em direção à orelha e disse que era "relembrado".

RD: (Para Linda.) Portanto, você está "relembrando" e não "revendo".

TE: Novamente, ele está sendo chamado, dito, repetido de algum modo, em lugar de ser visto.

RD: Por outro lado, observei que os olhos de Linda ainda estão se movendo para cima, como os olhos de Butch quando ele está visualizando. E, anteriormente, Linda falou sobre "limpar a sua janela". Dizem que os olhos são como uma janela para a alma. Em PNL, a posição dos olhos dará informações sobre o tipo de processo sensorial que está ocorrendo na mente de uma pessoa. Normalmente, olhar para cima está associado à visualização.

Linda: É engraçado, embora saiba alguma coisa sobre PNL e os movimentos oculares, eu não conseguia deixar de olhar para cima, mesmo que quisesse.

RD: Você quer dizer que não está fazendo isso intencionalmente, para mostrar que somos bons — você não é uma espiã?[1]

TE: Uma espiã? (risos)

RD: Acho melhor falar sobre outra coisa antes de me meter em confusão.

TE: Ah, não, você não vai. Vamos à raiz das coisas.

RD: Acho que você está descascando a árvore errada (desperdiçando os seus esforços).

TE: Eu só estou tentando tornar fértil uma idéia.

RD: Bem, vou tentar cortar isso pela raiz.

TE: Essas pessoas estão se divertindo muito com um assunto tão sério quanto a aprendizagem. Se vocês estão se sentindo bem devem ir embora.[2]

RD: Veja o que você fez Todd; agora todos estão rindo. Você perturbou a turma. Colocou as pessoas num estado tão bom que elas jamais esquecerão. Então, sempre que elas pensarem nisso, irão sentir-se bem. Como permitimos que isso acontecesse? (Para o grupo.) Rápido, peguem seus livros e comecem a sentir-se mal. Pensem: "esforço, esforço".

(Para Linda.) Agora, voltemos aos assuntos sérios. Se eu dissesse o nome de Sue, você saberia de quem estou falando?

Linda: Claro.

---

1. Os autores estão fazendo trocadilhos. Em inglês *plant* pode ser espião mas também é planta. (N. do T.)

2. Em inglês *leave* pode ser ir embora, sair, e também folha. (N. do T.)

RD: Você tem uma imagem de Sue? Há uma imagem em algum lugar?

Linda: É uma espécie de sentimento. Eu sei onde ela está. É como se eu a visse porque estou usando o seu nome o tempo todo. Mas não realmente como ela é.

RD: Então, o que é? Quando você pensa nisso, o que acontece em sua mente ou em seu corpo?

Linda: É mais ou menos como ter a experiência dela. Eu preciso dizer isso honestamente. Enquanto estávamos conversando eu sentia: "Agora, é provável que eu veja o seu rosto quando fechar os olhos, à noite". É principalmente um sentimento, mas eu poderia recordar-me de algumas das suas características. Mas não do seu rosto todo.

RD: Portanto, você se lembra de características. (Para o grupo.) É interessante explorarmos como usar e combinar os sentidos enquanto aprendemos. É óbvio que quando conversamos com alguém, até certo ponto, envolvemos todos os nossos sentidos. Em geral, não há muitas informações relacionadas ao paladar e, felizmente, não há muitas informações relacionadas ao odor (risos); mas vocês sabem, as pessoas usam perfumes ou colônias. Quando estamos tentando fazer alguma coisa sistemática, como lembrar sistematicamente os nomes de 32 pessoas num dia, precisamos começar a coordenar nossos sentidos para fazer representações constantes ou permanentes. O que estou ouvindo Linda dizer é que ela usa um nome como um ponto de justaposição para representações dos seus outros sentidos que ela associa ao nome daquela pessoa. Ela usa a visão como um sistema introdutório para buscar características importantes na aparência da pessoa. Mas o sistema representacional que realmente reúne tudo é o seu sentido cinestésico ou sentimentos que reúnem todas as outras partes dos outros sentidos.

Linda: Por exemplo, eu me lembro se alguém usa óculos.

RD: Assim, alguma característica particular, como usar óculos, acompanha o sentimento.

Linda: Sim. Eu não olhei para Diane. Mas eu veria o seu cabelo. Ela tem um lindo corte de cabelo. E os seus cílios.

RD: (Para o grupo.) É interessante observar que quando Linda está falando sobre o cabelo e os cílios de Diane, ela realmente gesticula em direção a si mesma. Ela não aponta para Diane, mas, sim, para os próprios cabelos e cílios. É como se Linda tivesse levado a outra pessoa para dentro de si mesma e se tornasse ela por um segundo. (Para Linda.) Assim, você pode ter assumido algumas das suas partes.

Linda: Sim, as coisas que acho atraentes são aquelas que assimilo.

TE: Você tem uma tendência para encontrar coisas atraentes nas pessoas cujos nomes você deseja lembrar?

Linda: Não, é porque quero lembrar-me do nome de todos.

TE: Mesmo que eles sejam idiotas.

Linda: Encontrarei alguma coisa.

RD: Por exemplo, o que você se lembra a respeito do Todd? (risos)

Linda: Eu me lembro de sua visão crítica e de sua cabeça indo de trás para a frente (move a sua cabeça de um lado para o outro).

TE: (Para o grupo.) Vocês viram como ela o imitou? É como se ela tivesse levado o comportamento dele para dentro de si mesma.

RD: (Para Butch.) Butch, você disse que também relaciona os nomes às características de uma pessoa. Você faz alguma coisa semelhante ao que Linda está descrevendo?

Butch: Sim. Eu pego alguma coisa da criança e levo para dentro. Especialmente comportamentos característicos ou diferentes; "a criança má", "o tipo bonzinho" ou "a criança triste". Definitivamente, isso atinge a gente.

TE: (Para o grupo.) Butch parece segmentar mais do que Linda. Ele encontra categorias mais amplas de comportamentos que acompanham os nomes. (Para Butch e Linda) Eu tenho outra importante pergunta para vocês dois. Primeiro você, Butch. Quando você utiliza a sua estratégia para lembrar-se de nomes com todas as crianças da classe, é fácil? É uma tarefa difícil, na qual você precisa colocar muito esforço, ou é algo fácil de fazer?

Butch: Não, para mim é fácil.

TE: E você Linda?

Linda: É mais do que fácil, é divertido. Me dá prazer.

RD: Essa é outra coisa muito importante em relação a todas as estratégias efetivas que Todd e eu já encontramos. Elas têm essas duas qualidades — facilidade e diversão. As pessoas que sabem soletrar bem não acham realmente difícil, nem se esforçam muito. Elas afirmam que é fácil e divertido. Um princípio simples do sistema nervoso é que se alguma coisa proporciona prazer, o sistema nervoso quer fazer mais. Se alguma coisa não dá prazer, o sistema nervoso não quer mais fazê-la.

TE: Em nosso primeiro seminário de Aprendizagem Dinâmica havia um garoto que nos disse: "Eu não faço minha lição de casa. Especialmente a de leitura. É muito difícil e eu não perco tempo com isso. Eu não gosto. É muito difícil, eu não quero fazê-la". Nós lhe pedimos para falar sobre alguma coisa que gostasse de fazer. Ele disse que gostava de jogar *Calabouços e Dragões*, um jogo muito sofisticado. Para jogar, é preciso ler uma série de coisas. A informação e a memorização necessárias precisam ser muito maiores do que as exigidas na maioria das tarefas de aprendizagem na escola. Eu perguntei com que freqüência ele jogava. Ele disse: "Sempre que posso". Se dependesse dele, ele jogaria de oito a dez horas por dia. Eu lhe perguntei: "Como você passa tanto tempo fazendo isso? Não é difícil lembrar-se de todas as coisas?" Ele respondeu: "É divertido, fácil e é por isso que eu jogo". A questão é que se alguma coisa é estimulante e agradável para você, ela não lhe parece difícil, mesmo que seja uma tarefa complexa e sofisticada.

A pergunta em tudo isso é: "Como você faz para torná-la divertida?" Como você faz para tornar interessante e divertido lembrar-se de nomes? Aqueles que têm dificuldade para lembrar-se de nomes, acham divertido e fácil? Vocês precisam se esforçar?

De onde você começa? A pergunta é: de onde você começa? Quando vai iniciar a atividade você começa pensando: "Não sou bom para lembrar-me de nomes, portanto, não vou conseguir. Isso sempre foi difícil. Nunca fui capaz de fazê-lo". Por onde você começa?

Quem mais consegue lembrar-se de nomes? John, como você começa?

John: Eu preciso criar *rapport*, e parte da missão é conhecer a identidade dos meus alunos. Portanto, para mim é importante saber os seus nomes. Na classe nós fazemos isso como uma brincadeira, apostando que depois de trinta segundos consigo dizer trinta nomes. Então, conto a eles como fiz.

TE: Como você faz isso?

John: Primeiro, faço uma imagem do aluno e depois do nome.

RD: Assim, quando o aluno está dizendo o seu nome, você faz uma imagem dele em sua mente?

John: Sim, eu visualizo o seu lugar e o ambiente. A princípio, se eles não estiverem em seus lugares, encontro um pouco de dificuldade.

RD: Assim, no início, a localização espacial deles é importante. Poderia tornar-se um pouco mais difícil usar essa estratégia em situações sociais, porque as pessoas se movimentam.

John: Sim, não é tão limitado. Mas em situações sociais não tenho a motivação para lembrar-me do nome das pessoas.

TE: John é um exemplo perfeito de alguém que tem uma excelente estratégia para conseguir alguma coisa, embora só a aplique em determinado contexto. Acho que isso tem menos a ver com a elegância ou com a eficácia da estratégia. Provavelmente, tem mais a ver com crenças ou identidade.

John: Na verdade, quando você perguntou: "Quem consegue memorizar nomes?", eu não levantei a mão. Lembro-me bem de nomes na classe. Mas não me identifico como esse tipo de pessoa.

RD: (Para o grupo.) Vocês ouviram como John estava confundindo sua capacidade de lembrar nomes com ser "esse tipo de pessoa". Essa é uma boa ilustração sobre a maneira como limitamos o uso ou o reconhecimento de capacidades que possuímos porque, imediatamente, as confundimos com identidade.

TE: É por isso que estou tão convencido de que as pessoas são muito mais espertas do que imaginam.

RD: Agora, vocês terão a oportunidade de descobrir como vocês são mais espertos do que pensam, fazendo um exercício de aprendizagem cooperativa.

Mas primeiramente eu gostaria de agradecer aos nossos excelentes modelos... ham... Lisa?... ah... Bill?... humm... Jack? (risos, aplausos.)

Resumo das estratégias efetivas para lembrar nomes

Podemos resumir aquilo que aprendemos a respeito das estratégias para lembrar nomes organizando a informação em duas partes: 1) as crenças a respeito de lembrar nomes; e 2) os passos cognitivos que ajudam a lembrar nomes.

As *crenças* que parecem ser mais relevantes são:

A. O nome de uma pessoa tem algo a ver com ela. Um nome não é apenas uma formalidade, mas tem alguma coisa a ver com uma afirmação ou qualidade de relacionamento.
B. Você "confirma" alguém usando o seu nome. É importante lembrar-se do nome de alguém com quem você vai conversar sobre alguma coisa pessoal.
C. Aprender um nome não é uma função de focalizar o som ou aquilo que o nome é, mas, sim, focalizar a pessoa.

Os *passos cognitivos* para efetivamente lembrar nomes parecem ser:

1. Começar com o sentimento de que você deseja conhecer aquela pessoa.
2. Estabelecer contato visual e tentar realmente ouvir o nome. Visualizar o rosto da pessoa e associá-lo ao nome. Por exemplo, criar uma imagem do rosto da pessoa em sua mente, ouvir o seu nome e então formar uma imagem visual do nome num crachá, grudando-o na testa da pessoa.
3. Focalizar uma característica da pessoa. Encontrar uma característica que combine com aquela pessoa e com a sua constituição; não necessariamente as suas roupas, mas alguma coisa que represente a sua maneira de ser, isto é, o estilo das roupas, o cabelo, ou a maneira de agir, caminhar, falar etc.
4. "Experimentar" algumas das características daquela pessoa. Internalizar aquelas que você considera atraentes.
5. Conhecer a pessoa e usar o nome como um ponto de associação para as suas características particulares.

Algumas outras estratégias úteis são:

a. Associar a pessoa a alguém que tenha um nome semelhante e com quem você já mantenha um relacionamento importante. Isso associa o nome a alguma coisa que já é importante para você — coisas que fazem parte da memória de longo prazo, não da memória de curto prazo.

b. Inventar nomes para as pessoas, se for difícil lembrar-se do seu nome verdadeiro. Se você não consegue saber o nome de alguém porque ele não evoca alguma coisa, então invente um nome ou apelido para ela — como "Tigre" ou "Biscoito".

c. Aumentar o nome, como chamar Lisa de "Lisa-Bonita".

Experimentem essas estratégias. Encontrem algumas pessoas cujos nomes vocês ainda não saibam. Perguntem os seus nomes e apliquem uma dessas estratégias para lembrar-se deles. Se quiserem, podem começar com a sua própria estratégia para lembrar nomes e melhorá-la um pouco. Acrescentem alguns dos elementos das estratégias que acabamos de ver. Olhem a pessoa nos olhos ou relacionem o seu nome a alguém que vocês já conhecem. Talvez vocês possam tentar rimar o nome da pessoa com alguma característica que considerem marcante. Tentem começar pelo sentimento de que vocês desejam conhecer aquela pessoa e levar para dentro de si alguma coisa daquela pessoa.

TE: Nos três exemplos, ficou realmente evidente que o elemento principal era o desejo de confirmar alguém pelo uso do seu nome.

John: O que ganhamos se lembrarmos o nome de todo mundo? (risos)

RD: Você ganha um sentimento muito, muito bom quando for para casa. Na verdade, você não precisará de nenhuma recompensa ou reforço externo. A aprendizagem efetiva é auto-reforçadora.

TE: Vale a pena lembrar o nome das pessoas, porque você nunca sabe quem poderá encontrar. Você nunca sabe quem vai conhecer. A minha sugestão para você, John, seria: como você conseguiria que todos lhe dessem um pouco mais de dinheiro para lembrar-se deles?

****

Após o exercício

RD: Alguém aprendeu alguma coisa interessante que gostaria de compartilhar com o grupo?

Linda: Descobri que menciono os nomes muitas vezes. Digo algo como: "O seu nome é 'Irish', oh! isso combina bem com o seu cabelo ruivo".

RD: Portanto, você incorpora o nome na conversa.

Mulher: Não consigo visualizar uma pessoa como um instantâneo, mas posso lembrar-me de alguém em ação. Por exemplo, deixando cair uma agenda. Para mim, o movimento contém mais informação a respeito da pessoa.

Mulher: Descobri que se as pessoas dizem os seus nomes e depois se afastam, é mais difícil lembrar-se deles. É como se eu fosse atrás deles e elas os engolissem.

RD: Esse é um fenômeno que chamamos de "metamensagen": uma mensagem sobre uma mensagem. Com freqüência, as metamensagens são transmitidas pela comunicação não-verbal, que acompanha a comunicação verbal. Portanto, o que você está dizendo é que se uma pessoa está dizendo o seu nome e, ao mesmo tempo, parece estar se afastando, é quase como um outro nível de mensagem que está dizendo: "Não se lembre do meu nome". Ou "Eu não estou realmente revelando quem sou".

Homem: Eu estava interessado em desenvolver o aspecto auditivo da estratégia, porque se todas as pessoas tivessem um crachá, eu seria capaz de lembrar-me dos nomes com facilidade.

RD: Em geral, aprendemos muito sobre a própria estratégia, assim como não conseguimos aplicá-la quando ela funciona perfeitamente. As estratégias de aprendizagem realmente eficazes incorporam a flexibilidade, de maneira que se formos impedidos de usar determinada abordagem, teremos duas ou três alternativas.

TE: Algumas vezes, há lugares em que o sistema auditivo é o único sistema representacional ao qual temos acesso. Certamente, se o telefone for o nosso principal instrumento de trabalho, a única maneira de saber o nome é ouvindo. Depois de ouvi-lo, poderemos transformá-lo numa imagem mental. Mas não precisamos começar com a imagem.

RD: Outro princípio muito importante é o do intervalo. Na aprendizagem os intervalos têm-se mostrado necessários para evitar a fadiga, a inibição e o hábito. Eles permitem à mente consciente pensar e examinar as informações para compreendê-las. Muitas vezes, as partes mais importantes da aprendizagem não ocorrem enquanto estamos muito concentrados nela. Mas naqueles períodos de intervalo nos quais permitimos que ela assente e se integre. Portanto, eu recomendo que...

TE: vocês

RD: aproveitem

TE: a

RD: oportunidade

TE: para

RD: sugerir

TE: a si mesmos

RD: deixarem

TE: a sua mente inconsciente

RD: relaxar

TE: e tentar desesperadamente não lembrar

RD: de lembrar de todo o material

TE: que vocês acabaram de aprender

RD: da maneira

TE: mais eficiente

RD: adequada

TE: e efetiva

RD: possível.

Capítulo 3

Estratégias de Memorização

Resumo do Capítulo 3

- Folha de Trabalho da Estratégia de Memorização
- Relatório do Progresso da Estratégia de Memorização
- Exercício de memorização visual
- Exercício de memorização auditiva
- Exercício de memorização cinestésica
- Estratégias de memorização de longo e curto prazos

Estratégias de memorização

O objetivo dos próximos exercícios de Aprendizagem Dinâmica é ajudá-los a determinar quais são os sentidos ou a combinação de sistemas representacionais mais desenvolvidos para a memorização. Executaremos três vezes a mesma tarefa de aprendizagem, porém limitando o canal de entrada e saída a um sistema representacional diferente por vez.

Para se prepararem para este exercício consultem a Folha de Trabalho da Estratégia de Memorização. No alto da folha estão impressos os números de 0 a 9 e as letras de A a Z. Começando com o segmento denominado "VISUAL", preencham os espaços em branco localizados sob o título "SEQÜÊNCIA ORIGINAL", com uma série de letras e números escolhidos ao acaso. Vocês devem acabar com um total de dez caracteres. Escrevam de maneira legível para que outras pessoas também possam lê-los.

Repitam este mesmo processo para as seções denominadas "AUDITIVA" e "CINESTÉSICA" escolhendo ao acaso uma seqüência diferente de caracteres para cada "SEQÜÊNCIA ORIGINAL". Por enquanto, deixem os espaços abaixo do título "SUPOSIÇÃO" em branco. (O exemplo de uma folha preenchida foi preparado para vocês.)

Dividam a folha de trabalho em quatro partes, cortando-a ou rasgando-a nas linhas pontilhadas entre cada segmento.

FOLHA DE TRABALHO DA ESTRATÉGIA DE MEMORIZAÇÃO

0	1	2	3	4	5	6	7	8	9
A	B	C	D	E	F	G	H	I	J
K	L	M	N	O	P	Q	R	S	T
U	V	W	X	Y	Z	*	#	?	!

SEQÜÊNCIA ORIGINAL: **VISUAL**

__ __ __ __ __ __ __ __ __ __

SUPOSIÇÃO:

__ __ __ __ __ __ __ __ __ __

SEQÜÊNCIA ORIGINAL: **AUDITIVA**

__ __ __ __ __ __ __ __ __ __

SUPOSIÇÃO:

__ __ __ __ __ __ __ __ __ __

SEQÜÊNCIA ORIGINAL: **CINESTÉSICA**

__ __ __ __ __ __ __ __ __ __

SUPOSIÇÃO:

__ __ __ __ __ __ __ __ __ __

FOLHA DE TRABALHO DA ESTRATÉGIA DE MEMORIZAÇÃO

0	1	2	3	4	5	6	7	8	9
A	B	C	D	E	F	G	H	I	J
K	L	M	N	O	P	Q	R	S	T
U	V	W	X	Y	Z	*	#	?	!

SEQÜÊNCIA ORIGINAL: **VISUAL**

D L C 6 5 W 7 U 8 N

SUPOSIÇÃO:

_ _ _ _ _ _ _ _ _ _

SEQÜÊNCIA ORIGINAL: **AUDITIVA**

E 2 8 C X K 9 T S J

SUPOSIÇÃO:

_ _ _ _ _ _ _ _ _ _

SEQÜÊNCIA ORIGINAL: **CINESTÉSICA**

G Z Q I H 4 B 5 Y F

SUPOSIÇÃO:

_ _ _ _ _ _ _ _ _ _

RELATÓRIO DO PROGRESSO DA ESTRATÉGIA DE MEMORIZAÇÃO

Rodada 1

Sistema repr. testado	Nº de caracteres	Tempo apresentado	Número correto	Número fora de ordem
Visual				
Auditivo				
Cinestésico				

Rodada 2

Sistema repr. testado	Nº de caracteres	Tempo apresentado	Número correto	Número fora de ordem
Visual				
Auditivo				
Cinestésico				

Rodada 3

Sistema repr. testado	Nº de caracteres	Tempo apresentado	Número correto	Número fora de ordem
Visual				
Auditivo				
Cinestésico				

Exercício de memorização visual

RD: É importante treinar todos os sentidos para receber e registrar informações. Um dos objetivos deste exercício de memorização é levá-los a explorar como é aprender por intermédio de diferentes modalidades sensoriais. Gostaríamos que vocês verificassem o seu desempenho em cada uma das funções dos sentidos com relação ao mesmo tipo de tarefa de aprendizagem. Isto é, se vocês tentaram memorizar alguma coisa usando somente os olhos, os ouvidos ou o corpo, como foi o seu desempenho? Alguns podem ser mais competentes, por exemplo, visual e cinestesicamente; outros podem ter uma memória auditiva mais desenvolvida, e assim por diante.

Primeiramente, vocês executarão uma tarefa de memorização visual. O melhor é fazê-la num grupo de três pessoas: um "professor", um "aluno" e um "observador". Para demonstrar o processo, estarei no papel do "professor" ou "programador", Todd será o "aprendiz/aluno" e Lisa será o observador.

Como "professor", parte do meu trabalho é acompanhar o progresso de Todd. No Relatório do Progresso da Estratégia de Memorização, na página anterior, há três "tabelas de *pontuação*" para serem usadas em três "rodadas" de prática. Assim, vocês podem aumentar o número de caracteres de que estão tentando lembrar-se. Isso lhes proporcionará uma maneira de avaliar o desenvolvimento da sua capacidade de memorização visual. Há algum tempo, li num artigo que o recorde mundial para memorização de caracteres aleatórios é algo em torno de oitenta caracteres em três minutos. À medida que vocês desenvolverem as habilidades de aprendizagem apresentadas neste livro, talvez queiram ver o quanto se aproximam desse recorde — só por diversão.

Agora, anotei dez caracteres escolhidos ao acaso na parte visual da Folha de Trabalho da Estratégia de Memorização. Assim, na primeira parte do Relatório do Progresso da Estratégia de Memorização para Todd vou escrever "10" abaixo de Nº de caracteres.

A seguir, vou mostrar para Todd o grupo de dez caracteres, e ele terá até trinta segundos para tentar memorizá-los. Se ele conseguir em menos tempo, tudo bem. Ele dirá: "Terminei" quando achar que os memorizou. Se após os trinta segundos ele não disser nada, pararei nesse ponto. Assim, o maior período de tempo para a tarefa é de trinta segundos. O trabalho de Lisa é observar Todd cuidadosamente, enquanto ele está envolvido no processo de memorização dos caracteres. Ela tentará observar quaisquer pistas não-verbais que pareçam significativas.

Sistema repr. testado	Nº de caracteres	Tempo apresentado	Número correto	Número fora de ordem
Visual	10			
Auditivo				
Cinestésico				

Enquanto Todd estiver tentando memorizar os caracteres, é importante ficarmos em silêncio. Essa tarefa deve ser executada somente com os olhos.

Pergunta: Nesse ponto, você deveria tentar qualquer estratégia de memorização em particular?

TE: Não é necessário. Na verdade, é melhor descobrir aquilo que fazemos naturalmente. Vocês terão algum tipo de estratégia; portanto, desejarão descobrir qual é a sua.

RD: Naturalmente, mais tarde, vocês terão a oportunidade de tentar outras estratégias. Mas o que queremos que façam em primeiro lugar é descobrir o que ocorre naturalmente quando lhes é apresentada uma tarefa de memorização visual. (Para Todd.) "Todd, vamos lá". (Robert mostra a folha para Todd.) Lisa, você observa.

TE: (Olha a folha e rapidamente desvia os olhos algumas vezes). Terminei.

RD: Muito bem. Agora, Todd levou cerca de 21 segundos. Colocarei "21 segundos" na segunda coluna, abaixo do(s) Tempo(s) apresentado(s).

Agora pedirei a Todd para apontar, sem falar, os caracteres no alto da Folha de Trabalho da Estratégia de Memorização, na seqüência em que se lembrar deles. Assim, em vez de dizer qualquer coisa para mim, Todd apontará, na página que estou lhe mostrando, os caracteres dos quais se lembra. Observem! Estamos fazendo isso para ver o que acontece se vocês precisarem fazer alguma coisa de maneira completamente visual. O objetivo é registrar e relembrar os caracteres visualmente. O "aprendiz" não dá a resposta verbalmente nem a escreve, pois isso envolveria a transferência de informações para outras modalidades sensoriais. Todd simplesmente apontará para a seqüência de caracteres da qual se lembra. Eu, como "professor", anotarei o que ele aponta na linha rotulada como "Suposição" na Folha de Trabalho da Estratégia de Memorização. Como essa é uma tarefa de memorização, quero ter a certeza de que Todd não pode ver a seqüência original que anotei, enquanto está fazendo sua suposição.

TE: Então você quer a seqüência? (Ele começa a mostrar diversos caracteres no alto da Folha de Trabalho. Robert escreve.) Isso é tudo o que eu tenho.

RD: Muito bem. Todd apontou para diversos caracteres e eu os anotei na linha rotulada como "Suposição". Comparando a suposição de Todd com a seqüência original, posso ver que elas são quase as mesmas, mas há algumas diferenças.

SEQÜÊNCIA ORIGINAL: **VISUAL**

D L C 6 5 W 7 U 8 N

SUPOSIÇÃO:

D L C 6 U 7 8 N _ _

Por exemplo, Todd apontou para o U numa seqüência diferente da original. É óbvio que ele se lembre da letra, embora não saiba exatamente onde ela estava posicionada na seqüência. É por isso que o Relatório do Progresso faz uma distinção entre Número correto e Número fora de ordem.

TE: É a diferença entre lembrar-se dos caracteres e da seqüência. Você pode lembrar-se corretamente de todos os caracteres e colocá-los na seqüência errada.

RD: Portanto, o Número correto mostra de quantos caracteres o "aprendiz" realmente se lembra, mesmo que ele não os aponte na mesma ordem em que foram originalmente escritos. No caso de Todd, escreverei 8 sob o título Número correto. Então, ele apontou três que estavam numa ordem diferente da seqüência original. Assim, escreverei 3 sob o título Número fora de ordem.

Sistema repr. testado	Nº de caracteres	Tempo apresentado	Número correto	Número fora de ordem
Visual	10	21 segundos	8	3
Auditivo				
Cinestésico				

É importante lembrar que existem diferentes tipos de memória. Por exemplo, há a memória seqüencial, que está relacionada à ordem. Por outro lado, existe aquilo que poderíamos chamar de memória "gestalt", que está relacionada à quantidade de coisas num conjunto, das quais eu me lembro — independentemente da seqüência.

TE: Você pode receber toda a informação que lhe será apresentada como um todo ou como uma seqüência de informações. A sua maneira de registrar o que lhe é mostrado determinará como você se lembrará dela mais tarde.

RD: Assim, Todd lembrou-se de alguns caracteres seqüencialmente e de outros de maneira não-seqüencial. Porém, o importante não é a quantidade de caracteres de que Todd lembrou-se, mas *como* lembrou deles. Isto é, Todd usou determinada estratégia para realizar essa tarefa. Ele olhou para os caracteres durante 21 segundos. Ele disse: "Tudo bem, acho que já terminei". Então, eu lhe pedi para indicar os caracteres na ordem em que se lembrava deles. Num total de dez ele lembrou-se de oito. Cinco estavam na ordem correta e os outros estavam trocados. O verdadeiro foco do exercício são os microprocessos mentais que Todd realizou nesses 21 segundos. O que determinou o seu desempenho foi aquilo que ocorreu no seu sistema nervoso naqueles poucos segundos.

Na verdade, o teste foi um pouco mais difícil para Todd do que normalmente seria, pois ele precisou esperar e ouvir enquanto eu dava instruções.

TE: Eu ia dizer que não sabia que essa seria uma estratégia para a memória de longo prazo.

RD: E é importante diferenciar entre memória de curto e de longo prazos porque elas não são necessariamente a mesma coisa. Se tivéssemos pedido a Todd para fazer essa memorização trinta segundos antes ou, se não tivéssemos lhe dado a mesma quantidade de informações, o seu desempenho poderia ter sido diferente.

TE: Eu diria que se você me pedisse para lembrar dos caracteres mais tarde, provavelmente, eu me lembraria dos mesmos. Agora eles estão na memória de longo prazo.

RD: Mais tarde iremos explorar algumas das diferenças entre as memórias de curto e de longo prazos. Na verdade, em ambos os casos, o foco da nossa atenção é a estratégia cognitiva empregada pelo "aprendiz" durante o processo de memorização. Para fazer isso precisamos da ajuda do nosso "observador".

(Para Lisa.) Lisa, o que você observou quando Todd estava aprendendo isso?

Lisa: Quando você disse que iríamos começar, ele começou a mover um pouco as pernas. Preparando-se, talvez, ficando um pouco nervoso. Então, ele olhou para o estímulo, depois olhou para cima e para a esquerda, quatro vezes. E quando ele disse que havia terminado, desfocalizou o olhar.

TE: Essa foi uma observação muito boa sobre o movimento — que eu estava movendo primeiramente minha perna esquerda quando comecei. Entretanto, eu lhes pediria para tomarem cuidado ao interpretar o que aquele movimento significa. Lisa disse que eu estava "me preparando" e "talvez ficando um pouco nervoso". Em outras palavras, se vocês interpretarem imediatamente determinado comportamento, correm o risco de projetar o seu próprio modelo de mundo em outra pessoa. Por exemplo, se vocês observarem um movimento e disserem algo a respeito de "nervosismo", começam a relacionar aquele movimento com nervosismo. É como se vocês estivessem dando instruções de que é isso que o movimento deveria significar. E, mesmo que inicialmente ele não tivesse nada a ver com "nervosismo", o movimento pode começar a ser associado ao nervosismo (como uma espécie de sugestão hipnótica).

RD: Todd está fazendo uma observação muito importante sobre a diferença entre observação e interpretação. Como exemplo, houve um estudo muito interessante, realizado com pessoas idosas em clínicas de repouso, relacionado a um fenômeno denominado "rotulação de sintomas". Eles observaram que as pessoas idosas tendiam a viver muito mais e ter mais controle sobre suas vidas, dependendo da maneira como rotulavam suas sensações. Se alguém acordava sentindo-se mal e começava a rotular as sensações como "doença", *acabava ficando mais deprimido e impotente* do que aqueles que apenas as rotulavam como sensações, não como sintomas. Por exemplo, dizer: "Eu tenho essa sensação desagradável no meu estômago" é muito diferente de dizer: "Eu me sinto como se estivesse com gripe"; embora as duas descrições estejam relacionadas às mesmas sensações. As pessoas que rotulavam as sensações simplesmente como "sensações" tinham muito mais controle sobre as próprias experiências e eram muito mais independentes do que aquelas que, desde o início, constantemente rotulavam as sensações como "doença".

O mesmo pode ser aplicado aos processos de aprendizagem. Por exemplo, assim que dizemos que alguém está agindo como se fosse "disléxico" ou como se tivesse um "*déficit* de atenção", começamos a interpretar em vez de observar. Portanto, ao descrevermos comportamentos neste exercício, é muito importante separar as observações das interpretações.

TE: Neste estágio, o que realmente queremos que vocês façam, quando forem o observador, é que sejam como um marciano. Como "Nerk-Nerk". Nerk-Nerk é um personagem imaginário, que não sabe interpretar as coisas como nós. Ele vê aquilo que vemos, ouve o que ouvimos, sente o que sentimos e pode fazer todas as distinções sensoriais que fazemos; mas ele não sabe o que elas significam. Por exemplo, Nerk-Nerk não diria: "Você moveu as pernas, você estava nervoso". Ao contrário, ele apenas diria: "Observei que você estava movendo as pernas".

Então, ao observar tal movimento, vocês podem perguntar: "O que estava ocorrendo dentro de você quando estava movendo as pernas?" Se o "aprendiz" disser: "Eu estava me sentindo como se estivesse em dificuldades". "Eu sabia que precisava realizar a tarefa" ou "Eu estava um pouco nervoso", então, vocês podem começar a "calibrar" a relação entre o comportamento e a resposta interna. Esse tipo de "calibração" está relacionado ao reconhecimento do padrão e não à interpretação. Calibrar é criar um modelo do significado do comportamento de um aprendiz e não fazer julgamentos generalizados.

RD: Este é um ponto muito importante. O observador escuta, observa e comunica suas observações. Então, perguntamos ao "aprendiz": "O que estava acontecendo dentro de você quando estava fazendo aquilo?" O fato de querermos identificar as pistas comportamentais é descobrir o que estava acontecendo em sua mente durante aquele comportamento. Assim, em vez de apenas perguntarmos de modo geral, temos alguma coisa visível na qual ancorá-la e fica mais fácil para o "aprendiz" dar uma resposta específica e significativa.

No caso de Todd, Lisa observou diversas coisas significativas que ele fez. Ele estava movendo as pernas, depois moveu os olhos para cima e desfocalizou o olhar quatro vezes. Agora, vamos perguntar a Todd: "O que você estava fazendo naqueles momentos? Você tinha consciência de estar desfocalizando o olhar quatro vezes?

TE: Sim, sim.

RD: Você estava tentando ver o grupo inteiro de caracteres lá em cima?

TE: Eu não estava "tentando" ver nenhum deles. Eu apenas olhei para eles e desfocalizei o olhar. Eu não estava tentando empregar nenhuma estratégia em particular. Minha tendência natural é apenas olhar para alguma coisa e desviar o olhar. Foi isso o que fiz. Olhei para a folha e, então, olhei para cima.

RD: Você estava consciente de alguma coisa acontecendo em sua mente naquele momento?

TE: Apenas rápidos *flashes* do que eu acabara de ver na folha.

RD: Eram *flashes* dos caracteres como um todo ou segmentos?

TE: Segmentos.

RD: Bom. Agora estamos começando a perceber alguma coisa. (Para todos.) De início, as pessoas não estarão totalmente conscientes de todas as pequenas coisas que estão fazendo. Portanto, primeiro Todd estava dizendo: "Eu só estava olhando para longe, é assim que eu faço". Quando perguntamos mais um pouco, ele disse: "Havia rápidos *flashes* daquilo que eu vira na folha". Não eram *flashes* ao acaso, mas determinados "segmentos" do grupo de caracteres.

(Para Todd.) Eram sempre os mesmos segmentos ou eles mudavam?

TE: Eles mudavam.

RD: (Para todos.) Portanto, apesar de Todd não estar tentando fazer alguma coisa específica, ele estava espontaneamente organizando os caracteres em segmentos. A nossa próxima pergunta para Todd é: "Eram 'segmentos' com três letras cada um? Eles estavam numa ordem específica, formando a imagem completa?"

TE: Bem, na verdade, o tamanho da imagem foi a primeira coisa que tentei conseguir. Eu precisava ver quanto espaço teria. Em outras palavras, agora que você está perguntando, estou voltando e olhando para ela e para a primeira coisa que fiz. Na verdade, olhei para a folha e então pensei: "Quanto espaço vou precisar para representar o que está aqui? Preciso ter espaço suficiente para representar tudo. Portanto, de quanto espaço precisarei na tela?"

RD: Assim, a primeira coisa que você fez foi criar o "espaço" mental interno necessário para aquilo de que precisaria lembrar-se.

TE: Criei o espaço para aquilo que eu iria lembrar e segmentei.

RD: Acho que criar esse tipo de espaço mental é importante no que se refere à memorização. Algumas vezes, descobrimos que quando uma pessoa está tentando lembrar-se de dez caracteres, ela tem essa grande tela mental. Quando estão olhando para os últimos caracteres, já não conseguem mais enxergar os primeiros, porque eles estão mentalmente muito afastados.

TE: Outras vezes, descobrimos que quando as pessoas precisam lembrar-se de dez caracteres, a tela mental delas é tão pequena que só há espaço suficiente para três.

RD: Todd criou o espaço, embora tenha encontrado mais facilidade para lembrar-se dos caracteres das duas extremidades da seqüência e mais dificuldade com os do meio. Isso provavelmente está relacionado à maneira como ele segmentou.

TE: Para mim, é interessante observar que agora que você começou a perguntar a respeito da minha estratégia, de repente, o meu cérebro terminou o que eu não tive tempo de fazer naqueles 21 segundos, ou seja, não apenas criar o tamanho adequado de tela, mas também compreender os tamanhos dos segmentos dentro dela. O tamanho de segmento que escolhi naquele curto espaço de tempo não permitiu que eu captasse todas as partes. Eram segmentos de tamanhos aleatórios. Portanto, os tamanhos que escolhi não me permitiam lembrar de todos os caracteres. Eu estava tentando lembrar-me de um grupo de caracteres ao acaso, não de uma palavra que pudesse ser pronunciada por sílabas. Quando terminei percebi que esperava que os caracteres se organizassem naturalmente em segmentos, como as sílabas de uma palavra. Agora, pensando nisso, percebo que teria sido mais fácil se eu tivesse pensado nos dígitos de um número de telefone segmentando-os em grupos de 3, 3 e 4 — como um número de telefone. Então, teria sido mais simples.

RD: Agora, Todd está falando sobre um dos pontos fundamentais desse exercício. Ao desenvolver uma metacognição do seu próprio processo natural, ele é capaz, espontaneamente, de melhorar sua estratégia de memorização. Todd e eu estudamos estratégias durante muitos anos e estamos sempre aprendendo alguma coisa nova com as mesmas velhas tarefas. Ao executar espontaneamente a tarefa, Todd conseguiu aprender alguma coisa nova e importante a respeito da própria programação.

TE: Quando fazemos apenas o que se espera de nós, nunca aprendemos nada novo.

RD: O objetivo não é tentar descobrir a maneira "certa" de lembrar, mas desenvolver a consciência ou a "metacognição" das suas estratégias para que vocês possam constantemente melhorar o seu processo de raciocínio.

TE: Da próxima vez farei melhor, porque agora posso acrescentar mais inteligência ao meu processo natural.

RD: Falando em desenvolver mais consciência, há algo mais que eu gostaria de explorar com você, Todd. E o seu estado interno? Lisa mencionou ter percebido movimento em suas pernas. Isso estava relacionado, de alguma forma, ao seu estado interno?

TE: Eu estava pensando: "Agora há uma tarefa a ser realizada e preciso sair desse estado de professor e preparar-me para receber informações de uma maneira diferente". Como professor, transmito informações. Portanto, eu precisava mudar o meu estado e me preparar melhor para receber informações.

RD: Portanto, aquele movimento em suas pernas está relacionado a uma mudança de estado — preparando-se para receber informações.

TE: Sim. Eu estava me preparando para mudar e fazer outra coisa.

RD: Mudando o seu estado do modo transmitir para o modo receber. Outra coisa que me deixou curioso é saber se, naquele momento, você estava consciente das outras pessoas na sala. Porque algumas pessoas dirão que estavam realmente conscientes do ambiente ou do tempo, durante uma tarefa como esta.

TE: Não, na verdade, fiquei surpreso por terem transcorrido 21 segundos. Perdi totalmente a noção do tempo e as pessoas simplesmente desapareceram. Elas não faziam parte da tarefa. Eu só estava consciente do relacionamento entre nós três.

RD: Algumas pessoas pensarão: "Realmente detestei a limitação do tempo. Aquilo estava me deixando ansioso". Na verdade, algumas pessoas dedicam mais energia mental pensando em todas as questões relacionadas àquilo que estão fazendo, do que realmente fazendo.

TE: Acabo de perceber que a coisa mais importante, que permitiu que tudo acontecesse, é que não tinha importância. Isso me ocorreu logo depois de ter ficado excitado com relação à tarefa que eu iria executar. Então, pensei: "E não tem importância". O que me deixou mais excitado, em outras palavras, não tem importância se eu consegui dois ou cinco ou se não consegui nada. Minha identidade não estava envolvida na memorização daqueles caracteres.

RD: Alguns de vocês podem encontrar diferenças entre a sua própria experiência e aquilo que Todd está dizendo agora e podem descobrir que, para vocês, é muito importante lembrar-se desses caracteres. No caso de Todd, separar a tarefa do seu senso de identidade ajudou-o a envolver-se mais no processo de aprendizagem, em vez de preocupar-se com os resultados desse processo.

Todd, eu também estou curioso para saber: "Como você sabia quando parar? Você estava preocupado com o tempo?"

TE: Bem, veja, o tempo não era um problema. Para ser honesto, achei que se haviam passado dez segundos. Fiquei surpreso quando você disse 21 segundos. Eu não tinha idéia de quanto tempo se passara.

RD: Esta é uma outra diferença potencial nas estratégias de aprendizagem. Diferente de Todd, algumas pessoas terão consciência dos trinta segundos. Se alguém realmente quiser ter a certeza de conseguir uma boa 'pontuação', deveria pensar: "Vou esperar até eles avisarem que terminaram os trinta segundos". Todd, por outro lado, entrou num estado no qual sua ênfase estava mais no processo do que no resultado e o tempo não tinha significado naquele estado.

TE: Se eu tivesse gasto algum tempo pensando nos trinta segundos, nunca teria conseguido segmentar, porque estaria tentando pensar em quanto tempo já utilizara enquanto olhava para as palavras. Então, a minha atenção ter-se-ia concentrado em alguma outra coisa. Ao contrário, pensei "Tudo o que eu vou fazer é isso", e olhei para cima e para a esquerda para ver o que aconteceria, literalmente.

RD: Creio que um ponto importante nesta discussão está relacionado à pergunta: "Quando você aprende alguma coisa, em que estado quer estar durante essa aprendizagem?" Todd decidiu: "Eis um estado a partir do qual desejo aprender e, nesse estado, eu quero encaixar a estratégia que vou usar para registrar informações. E vou me permitir não ser perfeito desde o início, porque, se esse é o estado no qual quero estar quando estiver aprendendo, então precisarei adaptar minha estratégia a ele". Essa abordagem é diferente de pensar: "Se realmente me esforçar, eu me lembrarei de todos eles perfeitamente". Todd adotou a estratégia que chamaríamos de *aprendendo a aprender*.

TE: Está certo. Eu não teria percebido que estava segmentando os caracteres como se eles fossem um número de telefone, se estivesse totalmente focalizado no resultado. Como Robert disse, eu queria um determinado estado e queria ter a certeza de que a minha estratégia se adaptaria a ele. Se não pudesse aplicar aquela estratégia no estado que me permite aprender aquilo que desejo aprender, então, sei que preciso mudar a estratégia para adaptá-la, pois, ao contrário, vou gastar metade do meu tempo neurológico, por assim dizer, lutando contra a diferença entre o meu estado e a minha estratégia e onde elas não combinam, em vez de me concentrar em registrar os caracteres.

RD: A partir dessa perspectiva, Todd estava mostrando como aprender a aprender e também como lembrar coisas.

TE: Isso é verdade. Eu realmente não me preocupei com os caracteres. Eu estava totalmente envolvido em saber: "Como isso vai acontecer? Será que vou deixar acontecer e como vai acontecer quando acontecer?"

RD: Observem que, se tivéssemos pressionado Todd, dizendo-lhe, "Você precisa conseguir todos os caracteres corretos", ele pensaria: "Eles esperam que eu demonstre essas coisas para essas pessoas. Preciso fazer direito". Veja, onde você coloca a ênfase, em conseguir os caracteres corretos ou no estado a partir do qual deseja desenvolver a estratégia? Porque, eu lhe garanto, se você ficar nesse estado, seu cérebro ficará cada vez melhor para lembrar-se daqueles caracteres.

TE: Porque é divertido. Não é um grande esforço.

RD: Mas se para Todd fosse importante fazer tudo certo, ele poderia ter entrado num estado diferente.

TE: Eu teria apenas utilizado a estratégia que sei que funciona o tempo todo para lembrar números, letras e caracteres. Conscientemente, teria utilizado a estratégia, em vez de olhar para a folha e simplesmente deixar alguma coisa acontecer. O interessante é que, no final, percebi que já tinha uma maneira de segmentar e que jamais a usara antes para lembrar-me das letras.

RD: Então, vamos rever as etapas. Juntem-se com outras duas pessoas (formando um grupo de três) e testem as suas estratégias de memorização com o procedimento a seguir:

1. REGISTRANDO — Comece com a seção da folha marcada "Visual". O "professor" mostrará ao "aprendiz" uma seqüência de dez caracteres durante um período de até trinta segundos, não mais. Durante esse período, o "observador" deve observar cuidadosamente o aluno, verificando a existência de quaisquer padrões significativos de pistas microcomportamentais. Se o "aluno" achar que memorizou a seqüência em menos tempo, pode parar antes dos trinta segundos. Anote o tempo na coluna marcada Tempo apresentado no Relatório do Progresso da Estratégia de Memorização.

2. RECUPERANDO — Faça o "aluno" apontar (sem falar) a seqüência de caracteres na ordem em que ele se lembra deles, no segmento da folha contendo a lista de todos os números e letras. Anote a seqüência indicada pelo "aluno" nos espaços sob o título "SUPOSIÇÃO". Então, compare-a com a SEQÜÊNCIA ORIGINAL.

3. PONTUAÇÃO — Anote o número de caracteres de que o "aluno" se lembrou corretamente (estejam ou não na ordem) na coluna marcada "Número correto" no seu RELATÓRIO DO PROGRESSO DA ESTRATÉGIA DE MEMORIZAÇÃO. Então, anote o número de caracteres que estava na seqüência errada, na coluna marcada "Número fora de ordem".

[NOTA: Se o "aluno" tiver simplesmente omitido um caractere, isso não significa que todos os que vêm depois dele estejam na seqüência errada. Portanto, se a sua seqüência for: DLC65W7U8N e o "aluno" esquecer o "W" e indicar DLC657U8N, a pontuação será de nove suposições corretas e uma no lugar errado (o "7" está fora de ordem). Se o "aluno" indicar um caractere que não estava na seqüência original, este será considerado um caractere "Fora de ordem"]

4. EVOCANDO — Descubra o tipo de estratégia de memorização que o "aluno" usou para lembrar dos caracteres, discutindo o que ele fez mentalmente enquanto os caracteres eram mostrados. O observador começa a relatar o que viu acontecer enquanto o "aluno" estava tentando memorizá-los. É importante que o observador simplesmente relate o que viu ou ouviu, sem tentar interpretar as suas observações. Então, o observador e o "professor" podem começar a perguntar para o "aluno" o que estava acontecendo internamente com relação às pistas comportamentais observadas. De que o "aluno" estava consciente? O "aluno" tentou fazer uma imagem dos caracteres em sua mente? Ele falou os caracteres para si mesmo? Observem os movimentos oculares e outros comportamentos não-verbais que possam ajudá-los a descobrir o(s) sistema(s) representacional(ais) que o "aluno" estava usando. Observem se a estratégia funcionou bem consultando a "pontuação". Discutam de que maneira ela poderia ser melhorada ou aperfeiçoada.

Então, troquem de papéis para que outra pessoa seja o "aluno", o "professor" e o "observador". Repitam o processo até que todos os três participantes do grupo tenham desempenhado cada um dos papéis. (O processo deve levar cerca de dez minutos por pessoa.)

RD: Vocês ficarão surpresos ao verificar quanta coisa ocorre nesses trinta segundos. Vocês podem aprender muito a respeito de si mesmos e do processo de memorização. Pensem no que aconteceu no caso de Todd. Vejam quanta coisa surgiu de um total de 21 segundos. A aprendizagem dinâmica trata de tudo o que pode acontecer num período de 21 segundos, e do quanto isso pode nos dizer a respeito do que acontece no processo de aprendizagem. Quando vocês pensarem na quantidade de horas que os professores passam com os alunos e perceberem quanta aprendizagem pode estar contida em 21 segundos, talvez desenvolvam um novo respeito pelas capacidades do cérebro e pelas oportunidades que se abrem quando compreendemos a microestrutura do processo de aprendizagem.

****

Após o exercício

TE: Quantas pessoas conseguem lembrar-se dos dez caracteres? (Muitas pessoas levantam as mãos no grupo.) Isso é muito.

RD: O que vocês fizeram para lembrar-se de todos?

Mulher: Eu os segmentei.

RD: A segmentação é uma importante estratégia para memorização, assim como para outros tipos de aprendizagem, porque diminui a complexidade da tarefa. Por exemplo, neste último exercício, em vez de precisar lembrar-se de dez coisas (isto é, dez caracteres), você só precisou lembrar-se de duas ou três coisas — os grupos de caracteres.

TE: Como exemplo, os números de telefone têm de sete a dez dígitos. Se vocês se lembrassem de cada dígito como um segmento de informação — isto é, o 8 e depois o 0 e depois o 0, como unidades separadas de informação — então só conseguiriam lembrar-se de sete números. Se vocês pegarem todos esses números, como a maioria das pessoas faz, juntando-os em dois ou três "segmentos" de informação, terão uma quantidade muito menor para lembrar-se. Se vocês moram numa área em que todos os telefones têm o mesmo prefixo, por exemplo, não é necessário lembrar de cada um deles como um segmento de informação separado sempre que aprenderem o número do telefone de um vizinho. Vocês poderão lembrar-se deles como um único "segmento" — como um "código de área" ou "prefixo local".

RD: Tive um telefone com os números "1964". Em vez de precisar lembrar de quatro números separados, eu precisava apenas lembrar do ano em que os Beatles estiveram no *Ed Sullivan Show*. Portanto, juntei quatro segmentos de informação num só.

Isso levanta a questão da "microestratégia" que vocês usam para selecionar os segmentos com os quais vão trabalhar. Lembrem-se de que, no caso de Todd, inicialmente, ele estava pensando que os segmentos poderiam ser formados como sílabas pronunciadas — como uma palavra. Depois, percebeu que teria sido mais simples organizálos em grupos arbitrários de três ou quatro (como um número de telefone).

Uma microestratégia comum para segmentar está relacionada àquilo que poderíamos chamar de método de memorização "repetitivo". Alguns alunos começam com o primeiro caractere e tentam memorizá-lo. Quando são capazes de desfocalizar o olhar ou fechar os olhos e ainda lembrar-se dele, tentam memorizar o primeiro *e* o segundo caracteres. Quando conseguem lembrar-se de ambos, eles passam para uma combinação do primeiro, do segundo *e* do terceiro caracteres, e assim por diante. A cada vez eles repetem aquilo que já sabem e preparam-se para iniciar o próximo.

Algumas vezes, com caracteres apresentados ao acaso, os segmentos se delineiam espontaneamente porque há um caractere diferente (como um "@" ou um "&") entre alguns deles, separando-os naturalmente. Contudo, uma outra "microestratégia" para segmentar seria como aquela que descrevi anteriormente para lembrar-me do número do meu telefone. Nesse caso, a relação entre os caracteres cria algum significado mais amplo. Assim, em vez de, arbitrariamente, pegar grupos de três ou quatro caracteres, eles são segmentados de acordo com os relacionamentos que poderiam criar. Por exemplo, uma participante de um grupo lembrou-se dos caracteres "3D" como um segmento e "613AD" como outro segmento. Embora o primeiro tenha apenas dois caracteres e o segundo cinco, esses eram segmentos que "combinavam" porque tinham significado para ela — relacionar "3D" com um tipo de imagem visual e "613AD" a uma data antiga. Essa estratégia envolve a descoberta de padrões em informações aparentemente sem padrão; além de segmentar. Padronizar e segmentar não são necessariamente o mesmo processo. Se eu simplesmente "segmentar" um grupo de caracteres escolhidos ao acaso, é como se tivesse algumas caixas onde arbitrariamente colocarei a informação. Se encontrar padrões, estarei criativamente tentando encontrar significados em diversas combinações de caracteres.

Algumas vezes não há nenhum padrão ou significado óbvio no grupo de caracteres que vocês estão tentando lembrar, portanto, na verdade, é preciso acrescentar alguma coisa para criar segmentos que tenham significado. Por exemplo, vocês podem descobrir que o som dos caracteres segue um determinado ritmo, ou podem criar uma pequena melodia para ajudá-los a lembrar-se deles. Lembro-me de ter aprendido uma canção para soletrar "Mississipi", a qual simplesmente colocava as letras em determinada melodia e ritmo. Isso envolve a justaposição da imagem visual dos caracteres em outro sistema representacional — o auditivo.

TE: Tendo sido músico durante aproximadamente vinte anos, realmente fiquei confuso quando surgiram os telefones de tom; porque tinha a minha própria melodia para os números de telefone de todo o mundo. E as notas que tinha em minha mente para os números de telefone das pessoas não combinavam de maneira alguma com os tons escolhidos para os telefones. Eu começava a discar, percebia os sons e esquecia o número do telefone, porque eram as notas erradas para o número do telefone daquela pessoa. Acho que deveríamos ser capazes de mudar ou adaptar os tons nesses telefones. Do jeito que eles são agora, não podemos tocar música neles. Eu não sei quem escolheu essas notas. (Risadas) Eles não entendem nada de música. Definitivamente, foi uma pessoa visual quem os escolheu.

RD: Há uma outra estratégia para criar padrões ou significados, mais verbal ou visual do que tonal, tipicamente conhecida como "mnemônica"; ela envolve o acréscimo de palavras ou imagens para criar um padrão ou significado em outro nível. Por exemplo, quando estava no primeiro grau, aprendi uma técnica mnemônica para soletrar "aritmética" que incluía uma frase formada por palavras que começavam com cada uma das letras da palavra aritmética. Novamente, o objetivo da mnemônica é acrescentar alguma coisa que ajude a criar ordem ou significado.

TE: Entretanto, é importante lembrar que "registrar", "armazenar" e "recuperar" são três partes distintas da memória. Embora a "mnemônica" possa ser um método eficaz para facilitar a "armazenagem" de caracteres, pode não ser necessariamente a maneira mais eficiente para "registrar" ou "recuperar" informações em geral. Se ela fosse usada para lembrar tudo aquilo que vocês precisassem poderia consumir muito tempo, tornando-se ineficiente. Por exemplo, aprendi a soletrar "aritmética" por meio de uma frase engraçada. Isso atraiu minha atenção quando eu estava aprendendo a soletrar, dando um toque mais divertido, mas se tivesse de lembrar-me de todas aquelas palavras sempre que quisesse soletrar aritmética, perderia muito tempo. Ou, por exemplo, se tivesse de lembrar-me de muitos números e letras e formar uma frase associando significados para cada um deles, poderia tornar-se incômodo. Se vocês tivessem 400 ou 500 fragmentos de dados para lembrar, ficariam com uma quantidade incrível de frases para formar e lembrar.

RD: Outro importante fator relacionado ao registro, armazenagem e recuperação de informações está associado ao "estado" no qual vocês se encontram enquanto aprendem.

TE: Com certeza. Uma outra estratégia de memorização é começar escolhendo determinado estado como eu fiz, e deixar o cérebro fazer seja lá o que for. Realmente tomei uma decisão consciente de desligar a minha voz interna. Instruí o meu cérebro a apenas ver o que "colaria". Algumas pessoas são capazes de ter muito sucesso visualmente sem precisar pronunciar os nomes dos caracteres em suas mentes. É como se elas pudessem mentalmente arrancar da página a imagem do caractere e colocá-la numa tela mental, como fazemos quando estamos editando um documento num computador Macintosh — elas podem mentalmente "recortar e colar" caracteres em sua memória. Naturalmente, esse tipo de estratégia pressupõe uma grande habilidade para manipular imagens mentais visuais.

Mas o outro ponto é que a estratégia que usamos também está relacionada ao nosso estado interno. Geralmente, temos diferentes tipos de estratégias de memorização, mas para chegar a elas é preciso passar pela "entrada" neurológica do nosso estado interno. E, algumas vezes, entramos numa tarefa pela "porta" que é o estado de nervosismo e, ao olharmos à nossa volta, a estratégia que desejamos usar não está lá porque ela não está associada àquele estado. Ela está associada a algum outro estado.

RD: Por exemplo, algumas pessoas só têm criatividade por trás da porta marcada "ansiedade" ou "pressão". Eu costumava sentir isso quando estava na escola fazendo um exame. Até o último minuto, não conseguia escrever e, então, a pressão aumentava tanto que a porta se abria e "zip", de repente, as palavras surgiam. Mas se eu tivesse muito tempo e fosse para trás da porta marcada "relaxado" não encontrava nenhuma estratégia lá. Realmente, tornou-se um estorvo, porque eu não gostava da sensação de pressão. Mas acho que é por isso que algumas pessoas ficam viciadas em ansiedade ou em frustração, porque é a única maneira de conseguirem alguma coisa de que realmente precisem.

Na realidade, uma importante parte do processo de aprendizagem dinâmica é explorar como colocar as escolhas adequadas por trás das "portas" adequadas. Porque se vocês não relacionarem as estratégias às entradas acabarão apenas tentando os diferentes tipos de coisas ao acaso. Mesmo acreditando que qualquer estratégia possa ser mais efetiva do que nenhuma, tentar uma série de diferentes métodos ao mesmo tempo criará dificuldades de outra espécie.

TE: Um objetivo em todas as direções é o mesmo que nenhum objetivo.

RD: Outra importante questão relacionada a essa tarefa de memorização envolve crenças e valores. Durante esta tarefa, algumas pessoas acabam consumindo 80% do seu tempo neurológico questionando por que, para começar, deveriam lembrar-se dessa lista de caracteres completamente sem sentido. Além do seu estado e de suas capacidades sensoriais, as suas crenças determinarão muito a sua maneira de abordar esse tipo de tarefa e o seu bom ou mau desempenho. Por exemplo, se alguma coisa não tem um significado óbvio, vocês dizem "Dane-se", ou dizem "Eu é quem devo dar-lhe um significado porque o mundo não mudará por mim". Em outras palavras, vocês se esforçam para lhe dar algum significado ou esperam que alguém crie o significado para vocês?

Aprender uma habilidade não é apenas o resultado das capacidades cognitivas de uma pessoa, mas também das crenças que apoiam ou interferem nessas capacidades. Todd deu significado à tarefa decidindo aprender alguma coisa a respeito do próprio processo de aprendizagem. Na verdade, um dos motivos por que usamos caracteres ao acaso neste exercício é para vocês não precisarem preocupar-se em saber se o conteúdo é importante ou não. Isso lhes proporciona a liberdade de focalizarem os próprios processos, se assim decidirem.

Exercício de memorização auditiva

RD: Vamos passar para a versão "auditiva" desse exercício, que é similar à do exercício visual, porém com importantes diferenças. Como na tarefa de memorização visual, vocês trabalharão com grupos de caracteres aleatórios (consultem a segunda parte da Folha de Trabalho da Estratégia de Memorização). Vocês continuarão no mesmo grupo de três pessoas, mantendo os mesmos papéis — "professor", "aluno" e "observador". Para a nossa demonstração, dessa vez eu serei o "aluno", Todd será o "professor" e Linda será novamente o "observador". Contudo, em vez de mostrar os caracteres, Todd os lerá para mim. Eu não vou vê-los.

TE: É tudo auditivo — auditivo para dentro e para fora.

RD: Todd vai sentar-se atrás de mim e lerá em voz alta a sua seqüência de dez caracteres da seção da Folha de Trabalho marcada "AUDITIVA". Minha tarefa é tentar lembrar-me de todos os caracteres que Todd ler em voz alta. Se eu não conseguir lembrar-me de todos depois de tê-los ouvido pela primeira vez, poderei pedir para ouvir a seqüência novamente, mas estarei limitado a três repetições, não mais. Se conseguir gravá-los em uma ou duas leituras, muito bem; Todd anotará "1" ou "2" na parte referente ao "Tempo apresentado" no Relatório do Progresso da Estratégia de Memorização. Do contrário, terei de apresentar minha suposição após a terceira leitura. Assim, da mesma forma que vocês tiveram até trinta segundos para a tarefa visual, terão até três repetições para a tarefa de memorização auditiva.

Enquanto ouço o que Todd diz, manterei os olhos abertos — embora não vá estar olhando para ele ou para os caracteres — para que Lisa possa observar os meus movimentos oculares com mais facilidade. Algumas pessoas sentirão vontade de fechar os olhos durante esta tarefa; se for necessário, tudo bem. É possível ver os olhos de uma pessoa movendo-se sob as pálpebras se vocês observarem com atenção.

Outra coisa que eu gostaria de acrescentar é que o aluno pode ter um certo grau de influência na maneira de o "professor" ler os caracteres. Por exemplo, depois de o "professor" ler os caracteres pela primeira vez, o "aluno" pode pedir-lhe para pronunciá-los um pouco mais rápido ou mais devagar.

Agora, vamos demonstrar um exemplo do processo. (Todd senta-se atrás de Robert e Linda à sua frente.)

TE: Vocês estão prontos?

RD: Sim.

TE: 2-7-6-H-B-L-K-7-9-J

RD: OK. Leia novamente, na mesma velocidade, pois estava boa.

TE: 2-7-6-H-B-L-K-7-9-J.

RD: Consegui.

TE: Você conseguiu? Agora, como esta é uma tarefa auditiva, Robert repetirá verbalmente os caracteres dos quais ele se lembra e eu anotarei o que ele diz nos espaços marcados "Suposição" na Folha de Trabalho da Estratégia de Memorização. A pontuação é feita como no exercício visual. Continue Robert.

RD: 2-7-6... H-B-L-K. E então acho que é 7-9-J.

TE: Correto. Você conseguiu os dez. Você estava consciente daquilo que estava fazendo mentalmente?

RD: Se você prestou atenção na maneira como eu repeti os caracteres, ficou óbvio que eu estava segmentando. Segmentei os três números, as quatro letras e depois tive de lidar de maneira um pouco diferente com a última parte.

TE: Isso é interessante, porque os organizei propositadamente dessa maneira. Eles são aleatórios, mas eu os organizei em grupos de números e letras e então uma mistura dos dois, para descobrir o que aconteceria. 2-7-6 são números, H-B-L-K são letras, e coloquei 7-9-J para ver o que aconteceria quando você os combinassem. De qualquer forma, você conseguiu toda a seqüência correta.

RD: Lisa, o que você observou?

Lisa: Quando você começou a responder, sentou-se ereto, preparando-se, com as mãos à sua frente. Durante a tarefa, elas se moviam ritmicamente. E, para mim, os seus olhos pareciam ligeiramente voltados para cima. Então, você inclinou a cabeça enquanto recebia a informação diferente. Houve algum movimento da sua boca, mas não muito.

RD: Eu estava consciente dos meus olhos movendo-se para lugares diferentes, embora não estivesse, especificamente, tentando fazer nada com eles. Algumas vezes, era como se eles estivessem movendo-se para baixo e ligeiramente para a esquerda.

Lisa: Percebi que, de algum modo, eles estavam se movendo de um lado para o outro.

TE: (Para Robert) Você está consciente do que acontecia quando estava movendo as mãos como Lisa descreveu?

RD: Bem, estava relacionado a uma espécie de estado de sentimento.

TE: Um estado de sentimento como um "estado de largada" ou um estado de sentimento em reação aos caracteres ou à tarefa?

RD: Era um estado de largada.

TE: Qual era o estado de largada?

RD: Era apenas o estado de "prontidão". Uma espécie de antecipação. Ele serviu como uma espécie de combustível, para fazer as coisas acontecerem. Eu queria fixar os caracteres lá dentro, mas não tinha certeza de como iria fazê-lo.

TE: Portanto, você não fez nenhum esforço consciente para organizar os caracteres.

RD: Como você, eu estava esperando para descobrir qual estratégia e, também, quais os padrões que poderiam estar nos caracteres. Descobri que, enquanto ouvia os caracteres, eu os estava reproduzindo. Na verdade, a princípio pensei que pudesse segmentar o 2 e o 7 como uma idade — como 27 — mas enquanto pensava nisso, Todd continuou lendo e então eu pensei: "Puxa, ele está passando à minha frente". Portanto, tive de parar de querer dar um significado e apenas deixar a seqüência sair. Então, percebi o "H-B-L-K" e pensei que talvez pudesse criar uma palavra. Mas, o estranho é que não consegui criar uma palavra com elas, apesar de achar que elas deveriam ser uma palavra — "H-B-L-K". No final, as letras apenas se fixaram por causa da sensação de que "essas letras deveriam ser uma palavra".

TE: Você repetiu para si mesmo qualquer uma das letras enquanto eu as lia?

RD: Sim, de certa forma. Foi interessante Lisa ter observado que eu movia um pouco a minha boca, mas não muito. Parcialmente, estava ouvindo novamente a voz de Todd em minha mente, e também a minha própria voz. Era parte da voz dele e parte da minha. Eu não estava realmente repetindo os caracteres. Agora posso fazer isso porque pude lê-los em minha imagem interna, mas durante a tarefa era como se eles estivessem flutuando, esperando — e eu não sabia se eles iriam ficar ou ir embora. E isso é parte do que aconteceu com o último grupo de caracteres. Os dois primeiros grupos foram obtidos com mais clareza, mas realmente tive de confiar nos ouvidos da minha mente para produzir a última parte. Eu achava que eram esses números, mas não podia ter certeza. Era como se, de algum modo, o visual e o auditivo não estivessem associados.

TE: Assim, resumindo, depois de tentar uma estratégia com o primeiro par de letras, você disse: "Isso não vai funcionar porque não posso perder todo o meu tempo com o '27'. Todd não vai parar de ler as letras enquanto faço isso". E, em vez de pensar: "Devo encontrar outra estratégia", você decidiu: "Vou deixá-los entrar e descobrir o que acontece".

RD: Preciso dizer que grande parte do que fiz foi ter confiança. Especialmente na última parte. Foi mais ou menos assim: "Só preciso relaxar e acreditar que estará lá". Assim que pude confiar em mim mesmo, o fato de você esperar para escrever os caracteres permitiu que eles realmente ficassem mais claros em minha mente. Eu lhes dei tempo para se estabilizarem. Mas, como não tinha uma imagem mental clara do último grupo de caracteres misturados, realmente tive de lembrar-me deles apenas com minha memória auditiva.

TE: Quando você diz que estava lembrando-se deles como um som, você estava consciente se era a minha voz ou a sua, naquele momento?

RD: Não era realmente como se houvesse uma voz. Apenas surgiu.

TE: Perguntei isso porque percebi que ele voltou os olhos para uma direção e os ouvidos para outra. Ele virou a cabeça e os ouvidos para a esquerda, mas moveu os olhos para a direita. No modelo da PNL, um movimento da cabeça e dos olhos para a esquerda acompanharia a memória auditiva — para uma pessoa destra como Robert — para lembrar da minha voz. Um movimento para a direita acompanharia sons construídos ou imaginados — como Robert criando alguma coisa em sua própria voz. Nesse caso, os olhos de Robert estavam na posição do auditivo construído, mas a cabeça e os ouvidos estavam voltados na direção da memória auditiva. Assim, é interessante ele ter dito que não estava ouvindo os caracteres em nenhuma das vozes.

RD: Interiormente, sentia-me como se estivesse tentando abrir os dois canais, o máximo possível. Era como tentar sintonizar uma estação de rádio quando a transmissão está fraca. Você precisa sintonizar no lugar certo. Eu estava tentando sintonizar o meu "rádio" mental, pois o sinal associado ao último grupo de caracteres não estava tão forte quanto o dos outros.

Por exemplo, acho que se você tivesse esperado cinco ou dez segundos antes de me pedir para dizer os caracteres, provavelmente, eu teria conseguido os dois primeiros, mas não teria conseguido os últimos. Agora eu poderia lembrar-me do último grupo porque, ao pronunciá-los em voz alta, eu estava obtendo a confirmação de que aqueles eram os caracteres corretos, o que fortaleceu a minha representação interna. O fato de ter apresentado minha suposição sem ter a certeza e depois descobrir que ela estava correta, aumentou a clareza daquele último grupo e a confiança em minha habilidade de lembrar-me dele.

Inicialmente, eles estavam mais ou menos à minha frente, quase como imagens holográficas indefinidas. Eu não sei se vocês já viram algum holograma, mas eles não são imagens sólidas como uma fotografia. É como se flutuassem no espaço. As letras são formadas de luz, em vez de serem uma imagem concreta sobre um fundo sólido. Foi por isso que não consegui ver todos os caracteres muito claramente. Não era como vê-los impressos. Agora eles têm uma qualidade mais tangível, como uma imagem mental.

TE: Resumindo, Robert estava essencialmente usando uma estratégia que envolvia a transformação de uma coisa auditiva numa imagem visual — da mesma forma como muitos de vocês talvez tenham percebido estar verbalizando mentalmente os caracteres visuais no último exercício. Achamos que será interessante vocês observarem se o seu desempenho permanece o mesmo neste exercício, pois as suas estratégias certamente serão um pouco diferentes por causa das limitações do exercício.

RD: Recapitulando:

O "professor" deve sentar atrás do "aluno" e o "observador" à sua frente. O "professor" deve ler em voz alta a seqüência de caracteres na seção da folha marcada "AUDITIVA". O "professor" deve ler os caracteres num ritmo constante (sem nenhuma tentativa de segmentá-los para o "aluno" — para que o "aluno" possa segmentá-los à sua maneira). O "aluno" pode pedir para ouvir a seqüência novamente (mais rápido, mais devagar ou no mesmo ritmo), mas não pode ouvi-la mais de três vezes. O "professor" anota quantas vezes o "aluno" precisou ouvir a seqüência, na coluna marcada Tempo apresentado. Sem ver os caracteres, o "aluno" repetirá verbalmente a seqüência anteriormente lida em voz alta pelo "professor". O "professor" anotará a seqüência lembrada pelo "aluno", abaixo do título "SUPOSIÇÃO", como no exercício anterior. Então, o "observador" fará suas observações e o grupo explorará a estratégia mental usada pelo "aluno" para memorizar esta seqüência. Por exemplo, vocês podem perguntar "Ela é diferente da estratégia usada para a tarefa visual? Como ela funcionou para este tipo de memorização?" Então, troquem os papéis até que os três participantes do grupo tenham tido a oportunidade de tentar a tarefa de memorização auditiva.

****

Após o exercício

RD: Como vocês se saíram nessa tarefa? Ela foi igual ou diferente do exercício anterior?

Homem: Para mim foi mais difícil. Eu continuava tentando formar uma imagem dos diversos caracteres, mas eles ficaram confusos enquanto o meu parceiro dizia mais letras e números. Preciso escrever as coisas para elas ficarem claras. Quando não posso fazer isso, fico confuso.

TE: A sua estratégia é semelhante à estrutura do ensino musical — e, por esse motivo, as crianças ficam confusas com relação à música. Quando as crianças estão aprendendo música recebem instruções para mudar de alguma coisa que estão vendo numa partitura para uma operação comportamental ou uma resposta — geralmente na forma de uma posição dos dedos num instrumento musical. Infelizmente, isso é tudo o que a música passa a significar para a criança — aquela nota significa esse movimento, não esse som ou esse sentimento. Quando os compositores criam música, não começam com as notas; em geral, começam com um sentimento que desejam expressar. Então, transformam aquele sentimento num som e, finalmente, ele se torna uma imagem, na forma das notas numa folha. Contudo, as pessoas aprendem a tocar música de maneira oposta. Não começamos com o sentimento que acompanha a música nem escutamos os sons como no momento em que ela está sendo tocada. Geralmente, aprendemos primeiro os aspectos visuais e depois os cinestésicos.

O método Suzuki é uma alternativa interessante ao método tradicional. Ele inclui um grupo de pessoas, cada uma com um instrumento musical, como um violino. Podem ser quatrocentas crianças e um instrutor. Todos tocam a mesma nota, mas eles vivenciam aquela nota; até que todos tenham internalizado a forma, o sentimento e o som daquela nota. A sua teoria é a de que se podemos tocar de ouvido, sempre poderemos aprender a parte visual — as notas — posteriormente.

RD: Uma outra alternativa é a estratégia que modelamos de Michael Colgrass, um compositor ganhador do prêmio Pulitzer (ver *Tools for Dreamers* e *Estratégia da genialidade* — vol. I). Ele ensina música de acordo com a mesma estratégia que usa para compor. Na verdade, ele faz as pessoas começarem com um sentimento que queiram expressar e depois a fazerem ruídos que combinem com aquele sentimento. Então, ele faz as crianças desenharem os seus ruídos num quadro-negro, com giz de cores diferentes. Aquilo que elas desenham não são notas, mas imagens abstratas dos seus ruídos — uma espécie de mapa visual dos sons. Elas usam essas imagens para lembrar-se dos seus sons e regem um grupo na execução das suas composições. Elas podem até mesmo escolher os instrumentos que melhor representem os seus sons.

Depois de os alunos terem realizado com sucesso todos esses aspectos básicos da música — e se divertido muito fazendo isso — Michael lhes mostra como as suas composições podem ser transformadas em representações visuais tradicionais das notas e a posição dos dedos nos diversos instrumentos.

TE: Acho que a maneira habitual de ensinar música é um reflexo de como o sistema representacional se tornou a modalidade sensorial mais valorizada na cultura ocidental. Entretanto, para a música, essa maneira de ensinar traz consigo alguns problemas inerentes. Fui músico durante vinte anos e tenho amigos que ainda tocam na sinfônica. Eles não conseguem fazer nada sem uma folha de papel. Você lhes pede para tocarem alguma coisa e eles pedem a partitura. Você pergunta: "Você não pode improvisar? Você não pode inventar? Vamos tocar e inventar". Eles respondem: "O que você quer dizer com inventar? Do que ela é composta? Se ela estiver escrita, tocarei a minha parte". É como se a criatividade deles tivesse sido eliminada por causa da sua estratégia. Acho que isso é um reflexo da maneira como eles aprenderam.

Exercício de memorização cinestésica

TE: O último exercício de memorização será realizado por meio do canal cinestésico. O "aluno" registrará os caracteres totalmente pelo toque; nenhum som e nenhuma visão. A resposta também será completamente cinestésica.

RD: A estrutura desse exercício é similar à do exercício de memorização auditiva, mas há algumas diferenças importantes. Para esta tarefa, o "professor" deve orientar o "aluno" a fechar os olhos e guiar a sua mão, fazendo-o escrever a seqüência de caracteres. Os caracteres a serem utilizados serão o conjunto daquilo que vocês criaram para a seção marcada "CINESTÉSICA" na Folha de Trabalho da Estratégia de Memorização. O "aluno" pode escolher entre usar uma caneta ou o dedo indicador.

TE: O "aluno" também pode pedir ao "professor" para escrever a seqüência de caracteres nas suas costas ou na palma da mão.

RD: Como no teste auditivo, podem ser solicitadas até três repetições. Então, com os olhos fechados, o "aluno" deve escrever a seqüência de caracteres numa folha de papel. A pontuação é feita como nos exercícios anteriores.

Quando terminarem, o observador fará comentários a respeito daquilo que observou na fisiologia do "aluno" durante a tarefa. Então, o "observador" e o "professor" ajudarão a evocar a estratégia de memorização usada pelo "aluno" nessa tarefa e compararão o processo e os resultados com os dos exercícios anteriores.

TE: Aqueles que tiveram um bom desempenho nos primeiros dois exercícios podem achar este um pouco mais desafiador. Estamos muito mais acostumados a reconhecer caracteres visuais e auditivos do que cinestésicos.

RD: Na verdade, esse exercício mostra se vocês conseguem ou não lembrar-se de alguma coisa sem saber especificamente "o que ela é".

TE: Quando podemos ver e ouvir os caracteres, achamos que sabemos "o que eles são", isto é, que "essa forma é um A e aquela é um '7'" etc. Nem sempre é possível fazer isso com informações cinestésicas. Por exemplo, Lisa feche os olhos por um segundo. Eu estarei no papel do "professor" por um momento. (Todd traça um caractere na palma da mão de Lisa.) Você consegue lembrar-se dessa forma?

Lisa: Acho que sim.

TE: Pegue esse lápis e desenhe essa forma na folha de papel sem dizer-me o que é. (Lisa desenha.) OK, você definiu o caractere no início?

Lisa: Eu não sei o que é, só posso dizer o que parecia ser.

TE: Bom.

RD: Vejam, Lisa pode lembrar-se dele como um padrão cinestésico sem precisar saber como ele é ou de que "nome" chamá-lo.

TE: É uma experiência diferente lembrar-se dos caracteres como padrões cinestésicos do que tentar imaginar como eles são ou como soam, pois a tarefa não exige que Lisa diga se um caractere que ela sentiu é determinada letra ou número. Tudo o que ela precisa fazer é repetir a forma que sentiu. Ela não precisa saber o que é.

RD: Muitos de vocês provavelmente tentarão visualizar os caracteres que correspondem ao padrão que estão sentindo. Outros dirão para si mesmos, internamente: "Isso é um 4... Isso é um Q... Isso é um 7". Mas também é possível fazê-lo de forma totalmente cinestésica. Tentem.

****

Após o exercício

TE: Algum comentário sobre esse último exercício? Alguém achou essa tarefa mais difícil do que as anteriores?

Mike: Sim.

TE: Qual a parte que a tornou difícil?

Mike: Os caracteres não eram reconhecíveis.

TE: Você tentou imaginar o que eles eram ou apenas acompanhou a memória cinestésica da sua forma?

Mike: Eu tentei imaginar o que eles eram.

TE: Portanto, você tentou imaginar se o padrão que você estava sentindo era um "D", um "A", uma "estrela" ou um "número". Tenho certeza de que muitas pessoas fizeram isso. Apenas perceba que essa não era uma parte necessária da tarefa. A tarefa era apenas reproduzir o que lhe foi apresentado como informação. Assim, a pergunta é: "Você apenas leva as formas para dentro e as reproduz ou tenta imaginar o que elas são, transferindo-as para outro sistema representacional?

Beth: Eu fui bem nesse exercício. A primeira coisa que fiz foi deixar minha mente flutuar livremente e sentir onde as letras estavam. Se eu identificava uma letra, tudo bem; se não conseguisse, tudo bem também. Na segunda vez, tentei da mesma forma que fiz com as outras letras — uma associação. Quando terminei, eu tinha onze números, porque desenhei um "4" como um "L" e um "1".

TE: Interessante. Quem mais se saiu bem?

Patrick: Eu. Pedi ao meu "professor" para escrever os caracteres nas minhas costas e então, ao mesmo tempo, eu os escrevi na minha mão, com o dedo.

TE: Isso é interessante, porque vocês estavam usando duas informações cinestésicas. Você experimentou a sensação do caractere sendo desenhado e também o movimento — movimento muscular. Aprendemos muito movendo as mãos. Não aprendemos a escrever apenas com a cabeça, precisamos também mover as mãos.

RD: Conheço datilógrafos muito rápidos que fazem sua "verificação" inicial por intermédio desse tipo de "memória muscular". Eles datilografam noventa ou cem palavras por minuto e, de repente: "sentem" que houve um erro. Como as suas mãos conhecem a sensação de datilografar determinada palavra, são capazes de perceber se ela foi escrita de outra maneira enquanto estão datilografando.

Ella: Primeiro, tentei criar uma imagem daquilo que eu estava sentindo; mas ela não era suficientemente forte para ter a certeza de que me lembraria — ela não me parecia certa. Portanto, comecei a escrever em minha perna, ao mesmo tempo que ela estava sendo escrita e, depois, a pronunciei para mim.

TE: Portanto, você usou todos os sistemas.

Ella: Eu não sabia que ia fazer isso. Foi acontecendo enquanto executava a tarefa.

Estratégias de memorização de longo e curto prazos

RD: Com freqüência, descobrimos que uma pessoa com uma boa estratégia de memorização de curto prazo para determinado conjunto de caracteres tem uma estratégia interna que combina com o sistema representacional usado para apresentá-los. Por exemplo, uma pessoa com pontuação elevada na tarefa visual apresentará pistas de acesso visuais e uma estratégia totalmente visual, enquanto alguém com mau desempenho visual tentará pistas de acesso e estratégias auditivas ou cinestésicas. Uma pessoa com elevado desempenho visual pode mostrar pistas de acesso e representações exclusivamente auditivas, enquanto alguém com mau desempenho auditivo mostrará uma mistura de outras pistas de acesso e sistemas representacionais. Igualmente, alguém com elevado desempenho cinestésico acompanhará o sentimento do padrão cinestésico e aquele com mau desempenho cinestésico — que pode ter uma elevada pontuação de memorização num sistema representacional diferente — pode usar exclusivamente uma abordagem auditiva ou visual e ficar confuso.

Por outro lado, a memorização de longo prazo é mais facilitada pelas estratégias que ligam a informação de um sentido a outros sistemas representacionais. Por exemplo, já se passou algum tempo desde que fizemos as versões visual e auditiva deste exercício. Verifiquem se vocês ainda conseguem lembrar-se de alguns daqueles caracteres (mesmo que vocês só tenham acertado alguns).

[Algumas reações do grupo]

RD: Percebi que muitos de vocês estavam movendo os olhos em diversas direções diferentes. Quantos descobriram que precisaram usar outros sistemas representacionais para lembrar-se dos caracteres dessa vez?

Homem: Lembrei-me dos meus por causa dos comentários que fizemos depois dos exercícios.

Homem: Lembrei-me dos dez na primeira vez, mas agora mal consigo lembrar-me de algum.

Mulher: Originalmente, lembrei-me dos meus primeiramente por meio do som, mas agora percebi que estava tentando criar uma imagem para lembrar-me deles.

RD: No modelo da PNL, a diferença entre memória de longo e de curto prazos é um resultado da estratégia utilizada para codificar a informação. A memória de longo prazo é resultado do processo pelo qual passamos com relação ao conteúdo daquilo que desejamos lembrar. Um princípio simples de memória de longo prazo é: "quanto mais mobilizarmos nossa neurologia para codificar alguma coisa, mais fácil será nos lembrarmos dela". A memória de longo prazo é mais um resultado da segmentação e da justaposição de informações para outros sentidos do que simplesmente sincronizar o sistema representacional com o canal de entrada. Mozart, por exemplo, possuía uma memória fenomenal para a música. Ele afirmava poder sentir, ver e até mesmo provar música (ver *Estratégia da genialidade* vol. I). Parece óbvio que seria um pouco mais difícil nos esquecermos de alguma coisa se a tivéssemos representado tão completamente.

Por exemplo: num de nossos seminários, uma mulher lembrou-se perfeitamente da seqüência aleatória: "A24705S58B". Ela descreveu a sua estratégia de memorização da seguinte forma: "*Eu trabalho no ramo alimentício, portanto, relacionei os caracteres ao meu trabalho. Por exemplo: "a" é para Abacaxi e está no início do alfabeto. '24' era a minha idade quando mudei de emprego pela última vez. '705' significa que acordei cinco minutos atrasada, "s" é para salmão — e parece um peixe nadando. Foi difícil encontrar um significado fácil para o '5' e o '8', assim, eu apenas imaginei que eles eram duas vezes maiores do que os outros caracteres e eram de cor vermelho vivo, "b" é para bacon e vem depois do A no alfabeto, portanto o A e o B juntaram todo o grupo*".

Geralmente, só ao ouvir essa história, as pessoas são capazes de lembrar-se facilmente desses caracteres, o que mostra que a estratégia é responsável pela aprendizagem efetiva, e não o grau de esforço.

TE: O tipo de estratégia de memorização de longo prazo habitualmente usado pelas pessoas pode ter um importante impacto sobre diversos aspectos dos seus padrões de comportamento e de personalidade. Por exemplo, essas estratégias geralmente se refletem nos diferentes graus de perda de memória em pessoas com determinadas doenças que afetam a memória. (Recentemente, trabalhei com uma paciente com mal de Alzheimer, que tinha dificuldade em lembrar-se de todos os tipos de coisas.) Nós nos habituamos não apenas às estratégias que usamos para memorizar alguma coisa, mas também com o ponto de entrada (o sistema de entrada ou "orientador") que você usa para a estratégia. Por exemplo, vocês podem habitualmente começar com uma informação auditiva e, então, buscar imagens e sentimentos que combinem com aqueles sons ou palavras; ou podem começar com sentimentos e encontrar as imagens e os sons ou vice-versa. Em outras palavras, vocês podem usar qualquer combinação. Mas o que acontece é que tendemos a usar determinada passagem para o registro ou para a recuperação. Se essas passagens forem determinadas células nervosas que acabam sendo danificadas pela idade ou por doença, a pessoa sentirá dificuldade ao tentar lembrar-se de alguma coisa usando aquela determinada estratégia ou caminho para registrar ou relembrar informações. Não que o indivíduo não possa lembrar-se, mas, sim, que o caminho que ele está tentando utilizar para acessar a sua memória não está disponível.

A paciente de Alzheimer que mencionei anteriormente, por exemplo, tendia a confiar no seu sistema representacional visual para memorizar. Portanto, para ajudá-la, eu a conduzi pela "porta dos fundos", por assim dizer. Ensinei-a a acessar a memória por meio de sensações e sons. Ela começou a lembrar-se de coisas que, anteriormente, não conseguia. Ela conseguiu acessar até mesmo as imagens armazenadas.

RD: Resumindo, as estratégias de memorização envolvem diversos aspectos distintos: (1) como você registra a informação; (2) como você armazena a informação; e (3) como você recupera o que foi armazenado. Uma outra questão está relacionada à sua intenção de reter a informação por um curto período de tempo ou se há necessidade de lembrar-se dela a longo prazo. Há coisas que só precisamos saber por um breve período de tempo, outras talvez precisem ser retidas por um longo período, e em diferentes contextos. A "estratégia" empregada determinará o seu sucesso nesses diversos aspectos da memorização e da aprendizagem.

TE: Já mencionamos como as estratégias de memorização e de aprendizagem podem depender de determinados "estados" internos. Há também o fenômeno da aprendizagem "dependente do contexto". Como uma ilustração, foi realizado um estudo clássico no qual os pesquisadores escolhiam um grupo de estudantes que aprenderam alguma coisa em determinada sala de aula, dividindo-os aleatoriamente em dois subgrupos. Eles aplicaram um teste sobre uma matéria que haviam aprendido naquela sala. Contudo, metade do grupo fez o teste em outra sala de aula, não naquela na qual estavam quando aprenderam a matéria. Então, os grupos foram trocados — aquele que inicialmente fizera o teste na sala de aula foi transferido para outra sala e o outro grupo voltou para a sala de aula inicial — e foram novamente testados. Os resultados mostraram que qualquer um dos grupos que estivesse fora da sala na qual originalmente aprendeu a matéria apresentava pontuações significativamente mais baixas — em torno de 20 a 50%. Em outras palavras, muitas das pistas relacionadas à recuperação da informação estava ligada ao ambiente daquela sala. Ao deixarem a sala, grande parte das informações, subitamente, não estava mais disponível.

Por exemplo, suponhamos que a sala tivesse uma lousa verde e que o professor escrevesse nela o tempo todo durante aquela aula. Mesmo que as informações não estivessem mais escritas, a lousa serviu de contexto inicial para a apresentação da informação. A lousa pode tornar-se uma pista para a mente quando vocês estiverem tentando recuperar a informação colocada nela. Mas se vocês forem para o ginásio ou para o auditório para fazer o teste, nada será igual. Não haverá lousa verde, nada proporcionará as pistas, a não ser vocês mesmos.

Esse é um bom exemplo de uma estratégia eficaz num contexto e ineficaz em outro. Há algo na maneira como a informação foi registrada e armazenada, que influencia a forma como ela deve ser recuperada.

Capítulo 4

Fortalecendo os Sentidos

Resumo do Capítulo 4

- Desenvolvendo a habilidade visual
- Desenvolvendo a habilidade auditiva
- Desenvolvendo a habilidade cinestésica
- Resumo: estratégias para desenvolver os sentidos
- Explorando os filtros perceptivos

Fortalecendo os sentidos

RD: O próximo conjunto de exercícios inclui o desenvolvimento dos diferentes sistemas representacionais sensoriais. Esses exercícios irão ajudá-los a desenvolver riqueza e flexibilidade na utilização dos sentidos e, assim, vocês não ficarão limitados a apenas uma modalidade sensorial. Na verdade, eu os chamo de "calistenia sensorial" porque o seu objetivo é ajudar a desenvolver forças sensoriais fundamentais. Em PNL, essas habilidades perceptivas básicas encontram-se no âmago de coisas como o nosso sucesso educacional e até mesmo da nossa personalidade. O desenvolvimento dessas capacidades pode ter um impacto fundamental sobre nossa vida.

TE: Geralmente, as pessoas estão presas a um tipo de estratégia de aprendizagem. Por exemplo, por um lado, temos o "viciado em computador", que passa doze anos na escola sem nenhum amigo, a não ser o seu computador; e talvez alguém com quem compartilhe o *software*. Essas pessoas tendem a ser extremamente visuais, com uma pitada de habilidade auditiva e muito pouco desenvolvimento cinestésico. Por outro lado, temos o garoto de 1,50 m, que salta quatro metros, pula a dois metros do chão e encesta uma bola, no basquetebol, mas não consegue somar dois números. Esse garoto realmente possui um elevado "QI cinestésico". E como não se joga basquete sozinho, esse tipo de garoto também desenvolve muitas habilidades sociais. Ele não consegue passar num teste de matemática nem para salvar sua vida, mas pode fazer coisas extremamente complexas com o seu corpo e desenvolveu muitas habilidades de relacionamento para jogar com um time. Deve haver uma maneira de dar aos garotos viciados em computador um pouco das habilidades físicas e sociais e aos cinestésicos um pouco das habilidades em computação.

Isso pode ser feito por meio do desenvolvimento do sistema representacional. Como disse anteriormente, acredito que aqui é onde começa a oportunidade igual na educação: no nível da capacidade. Quando uma criança vai pela primeira vez à escola, a sua história passada pessoal — incluindo seus pais, tios, irmãos, tias, irmãs, onde ela se encaixa no sistema familiar — determina as estratégias que ela usará para aprender. Por exemplo, você pode ir para a escola com uma estratégia visual bem desenvolvida, mas eu vou com uma estratégia cinestésica. Ao chegar à escola, você já pode reconhecer letras, palavras e números e eu posso chutar uma bola e correr como louco. No primeiro dia de aula, a professora diz: "OK, vamos andar juntos até a sala". Ela diz "Nós nos encontraremos nesta sala, que é a sala 4A". Você está sentado no fundo da sala e, por causa da sua história passada pessoal, os seus olhos naturalmente movem-se para cima e para a esquerda e você faz essa imagem visual de "4A". Enquanto você está olhando para cima e para a esquerda, eu estou olhando para os cordões dos meus sapatos — embora ambos tenhamos entrado pela mesma porta, no mesmo dia; ambos com a mesma formação pré-escolar.

No segundo dia de aula, você chega na hora, com seus livros e senta-se na carteira certa. Eu ainda estou na metade do caminho, tentando adivinhar onde deveria estar — apenas andando por ali. Uma professora me vê e pergunta: "Você não deveria estar na aula agora?" Eu respondo: "Sim, deveria, mas não sei qual é a sala". Ela pergunta: "Quem é a sua professora?". "Eu não me lembro." Bem, você conhece alguém que esteja na sua classe?". Eu me lembro mais ou menos de um garoto. Assim, ela me acompanha, tentando encontrar esse garoto. Isso literalmente aconteceu comigo quando entrei na escola. Eu sou o "bobão" que não consegue encontrar o caminho para a sala. Por quê? Porque entrei por aquela porta com uma estratégia diferente da sua. Isso não me torna pior nem melhor, ou vice-versa. Mas é importante saber que as pessoas começam com diferentes habilidades e forças.

RD: Também é importante ter alguns métodos que ajudem as pessoas a reconhecer e desenvolver essas habilidades básicas.

TE: A ótima abordagem da PNL à educação consistiria em pegar cada criança e, primeiramente, ajudá-la a desenvolver todos os sistemas representacionais sensoriais. Desenvolveríamos os seus sistemas representacionais visual, auditivo, cinestésico, olfativo e gustativo. Então, lhe ensinaríamos estratégias efetivas de aprendizagem. Nos primeiros seis meses de aula, as ensinaríamos a aprender "como aprender". Primeiramente, as ensinaríamos como usar o seu cérebro.

RD: Tivemos uma pessoa, num de nossos seminários de Aprendizagem Dinâmica, com quarenta anos de idade, que não havia conseguido passar da oitava série. Ela estava convencida de que era incapaz de aprender; até começarmos a fazer os exercícios que realizamos na seção anterior e que faremos nesta seção. No terceiro dia, ela estava começando a ler e a escrever palavras que considerava impossíveis de serem aprendidas. Ela, assim como muitas pessoas, tinha numerosas capacidades para aprender, que jamais havia reconhecido nem considerado relevantes para a aprendizagem.

Por exemplo, quantos de vocês gostariam de ter uma memória fotográfica e acham que não têm, mas quando estão tentando fazer regime, conseguem lembrar-se de tudo o que está dentro da geladeira?

TE: Ou, quantos de vocês foram para casa depois de terem assistido a um filme e conseguiram lembrar-se nitidamente de determinadas partes?

RD: Em outras palavras, você se deita na cama e, de repente, fica lembrando sem parar de determinada cena — quer queira, quer não. Por exemplo, quantos de vocês conseguem lembrar-se da cena em que Indiana Jones está caindo no buraco cheio de cobras no filme *Em busca da arca perdida?* Agora, quem consegue visualizar isso, tem capacidade para ter uma memória fotográfica. Vocês apenas precisam de um método para utilizá-la.

TE: É como as pessoas que dizem que não conseguem cantar e descobrem que não conseguem tirar da cabeça a música aborrecida do mais recente comercial de televisão — ela continua tocando sem parar.

RD: Acreditamos que essas experiências sejam resultado de processos neurológicos que podem ser desenvolvidos e utilizados. Algumas pessoas já nos disseram: "Não consigo soletrar" ou "Não consigo lembrar-me como soletrar determinadas palavras", mas elas conseguem lembrar-se de outra coisa igualmente complexa. Por exemplo, conseguem reconhecer a sua bicicleta ou o seu carro. Isso é tão sofisticado quanto reconhecer a maneira "correta" de escrever uma palavra.

TE: Assim como é complexo o fato de reconhecer o próprio rosto no espelho. (Naturalmente, em alguns dias é mais difícil do que em outros.)

RD: O propósito dos exercícios a seguir é ajudá-los a utilizar e fortalecer habilidades sensoriais básicas. O primeiro deles envolve o desenvolvimento da acuidade visual e de memória. Antes de começarmos o exercício, quero enfatizar a diferença entre uma "habilidade" ou um "processo" e o "conteúdo" ao qual essa habilidade ou processo é aplicado. Acuidade visual e recordação são habilidades que podem ser aplicadas a diferentes conteúdos, tais como: rostos, objetos, filmes, palavras, fotografias etc. Quando a habilidade é desenvolvida numa área, pode ser transferida para outra. As habilidades são uma "estrutura mais profunda"; o conteúdo está relacionado às "estruturas superficiais".

Como exemplo, aprendemos a escrever segurando um lápis ou uma caneta na mão e movendo o punho e os dedos. Contudo, depois de dominarmos a habilidade para fazer letras, podemos transferi-la para outras partes do corpo sem nenhuma prática. Por exemplo, podemos traçar letras na areia com o pé esquerdo. Podemos segurar um lápis com a boca e escrever letras legíveis e, até mesmo, traçar reproduções razoáveis de letras com o joelho ou o cotovelo — embora os tipos e combinações de músculos, ossos e tendões sejam completamente diferentes daqueles do punho, da mão e dos dedos. Esse tipo de fenômeno contradiz a visão mais mecânica de aprendizagem proposta por pessoas como Pavlov e Skinner. Não podemos explicar esse tipo de transferência de habilidade simplesmente por meio do estímulo-resposta e reforço.

TE: Sim. Quem ensinou o seu cotovelo a escrever? (Risos)

RD: De acordo com a PNL, o desenvolvimento de uma habilidade ocorre num nível mais elevado de aprendizagem. É uma estrutura profunda que pode ser transformada em múltiplas estruturas superficiais. Portanto, lembrem-se de que, embora os conteúdos que estaremos usando para desenvolver habilidades sensoriais possam não parecer diretamente relevantes para assuntos "acadêmicos", a habilidade para utilizar os seus sistemas representacionais sensoriais é a base de toda a aprendizagem. A seguir, um resumo dos passos básicos do exercício.

Desenvolvendo a habilidade visual

Formem duplas (**A** e **B**):

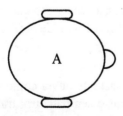 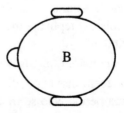

PASSO 1. **A** e **B** ficam de frente uma para a outra. **A** dá instruções para **B** visualizar a posição corporal de **A** e olhar para cima, à esquerda (para destros) ou à direita (para canhotos) para lembrar dela.

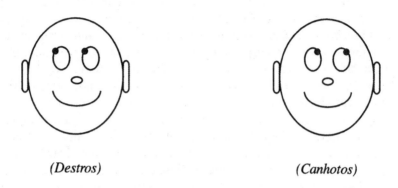

(Destros)   *(Canhotos)*

PASSO 2. **B** fecha os olhos. **A** move alguma parte do seu corpo (isto é, mão, perna, dedo, inclina a cabeça etc.) enquanto os olhos de **B** estão fechados.

PASSO 3. **A** diz para **B** abrir os olhos. **B** olha para cima, à esquerda (ou à direita) e compara o que vê com a imagem lembrada e adivinha qual parte do corpo **A** moveu.

PASSO 4. Se **B** não acertar, então **A** instrui **B** a fechar os olhos novamente. **A** não diz a **B** qual parte ela moveu, voltando à posição corporal original e dizendo a **B** para abrir novamente os olhos e adivinhar (voltar para o PASSO 2).

TE: Para exemplificar, vamos chamar Stephanie e Lisa e colocá-las frente a frente. Encontrem uma distância confortável para vocês. Lisa, você olha para Stephanie e move os olhos para cima e para a esquerda (pois você é destra). Ao fazê-lo, crie um "instantâneo" mental de Stephanie. Se quiser, olhe novamente para ela e verifique a sua imagem mental. Agora, Lisa, feche os olhos; e você, Stephanie, mova alguma coisa. (Stephanie move a mão). OK, Lisa, pode abrir os olhos. O que mudou?

Lisa: A sua mão. (Aplausos da platéia.)

TE: Comecem movendo alguma coisa bastante óbvia como um braço ou uma perna. Não se trata de enganar o seu parceiro; trata-se de permitir que ele desenvolva uma habilidade visual. Se Lisa não tivesse conseguido perceber a mudança, então nós lhe pediríamos para fechar os olhos novamente e instruiríamos Stephanie a voltar para a posição original. Então, Lisa abriria os olhos e olharia novamente para Stephanie para ver se conseguia perceber o que mudara.

RD: Stephanie continuaria voltando e saindo da posição original com o mesmo movimento, até Lisa conseguir perceber o que estava mudando. Quando Lisa conseguisse perceber a mudança, elas repetiriam o ciclo, com Stephanie fazendo um movimento mais sutil.

TE: Portanto, começamos com grandes mudanças e continuaremos tornando-as cada vez mais sutis. Vocês devem conseguir chegar a um ponto em que o observador seja capaz de perceber um sutil movimento dos dedos, um leve movimento ocular, a ausência de um brinco ou quaisquer outras coisas que estiverem faltando. Assim, quando o observador conseguir perceber grandes movimentos, vocês começarão a acrescentar mudanças menores para descobrir quão aguçada a percepção da pessoa pode tornar-se.

RD: Se o observador for capaz de perceber movimentos muito sutis, vocês podem tornar o exercício mais desafiador movendo mais de uma parte do corpo. Nesse caso, o observador teria de detectar mais de uma mudança.

TE: Uma outra variação é fazer o exercício em grupos com mais de duas pessoas. Para torná-lo mais desafiador, vocês poderiam ter quatro ou cinco pessoas movendo alguma coisa e uma pessoa observando. Isso aumentará o número de "segmentos" de informação que o observador está organizando visualmente.

Lembrem-se de que o conteúdo que usamos para esse exercício é uma outra pessoa, mas vocês podem fazer muitas variações criativas. Por exemplo, um professor poderia fazer todos os alunos olharem para a classe e ver quem está lá. Então, os alunos fechariam os olhos e o professor mandaria um deles sair da sala. O resto da classe abriria os olhos e adivinharia quem estava faltando. Há muitas variações criativas desse processo para ajudá-los a desenvolver a habilidade visual.

RD: Por exemplo, digamos que vocês queiram adaptar esse exercício a um conteúdo mais "acadêmico". Desenvolvemos uma variação que pode ser usada para ajudar as crianças a aprender como desenvolver a acuidade visual e a memória para melhor reconhecer a maneira correta de escrever uma palavra. Fazendo uma analogia, as palavras são formadas de diferentes variações das mesmas letras, assim como diferentes posturas corporais são formadas de variações de partes do corpo. A habilidade exigida para lembrar diferentes combinações de letras realmente não é diferente daquela necessária para lembrar que partes do corpo alguém moveu. Na Aprendizagem Dinâmica consideramos uma tarefa acadêmica apenas como uma outra variação da nossa maneira natural de utilizar o nosso sistema nervoso. Em outras palavras, acreditamos que se vocês podem reconhecer o próprio casaco e a própria bicicleta, ou se podem reconhecer qual parte do corpo de alguém foi sutilmente movida, então podem reconhecer a maneira correta de escrever as palavras.

Para desenvolver esse tipo de habilidade de reconhecimento visual, também organizamos as pessoas em pares ou grupos. Cada grupo recebeu alguns conjuntos de cartões. Cada conjunto de cartões é formado pela mesma palavra escrita de diferentes formas — o padrão ou versão "correta" e algumas variações como no exemplo seguinte:

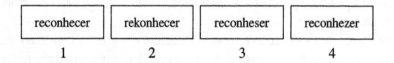

Então, mostramos ao "observador" o primeiro cartão, que é sempre a ortografia padrão ou "correta" da palavra. O observador é instruído a olhar para o cartão, depois olhar para cima, à direita ou à esquerda (como no exercício que acabamos de descrever), e tirar um "instantâneo" do cartão em sua mente. Então, pedimos ao observador para fechar os olhos. Nesse ponto, o parceiro do observador pode mudar o cartão ou permanecer com o primeiro. Quando o observador abre os olhos novamente, a tarefa é simplesmente dizer se a palavra impressa no cartão é a "mesma" ou se é "diferente" da original.

TE: Portanto, tudo o que vocês precisam fazer é pegar o processo que descrevemos nesse primeiro exercício de desenvolvimento visual e mudar o conteúdo para palavras. A tarefa é simplesmente reconhecer variações do estado inicial.

Em resumo, vocês só precisam saber se podem ou não reconhecer o conjunto de letras com o qual começaram.

RD: Quando o observador for capaz de reconhecer com sucesso o conjunto de letras, vocês podem aumentar o desafio, perguntando quais letras mudaram, especificamente, se houver uma diferença. Um outro nível de desafio seria deixar passar algum tempo e então verificar se o observador pode reconhecer se determinado cartão que está sendo mostrado é o original ou a versão "correta" sem mostrá-lo em primeiro lugar. Isto é, vocês escolhem um cartão de um dos conjuntos e, sem mostrar ao observador o padrão com o qual começaram, verificam se ele consegue reconhecer se esse cartão é ou não a primeira palavra.

TE: Entretanto, se vocês fizerem essa variação do exercício, é importante lembrar que esse é um exercício de desenvolvimento sensorial, não um exercício de "ortografia". Soletrar palavras, matemática, ciências e geografia são matérias. Esse exercício é sobre aprender "como aprender" — não sobre aprender determinada matéria. É uma maneira diferente de abordar a aprendizagem.

TE: Em outras palavras, essa variação do exercício de desenvolvimento visual não está relacionada ao sucesso ou ao fracasso no reconhecimento da ortografia correta de palavras. Ela trata de como desenvolver a habilidade para reconhecer alguma coisa visualmente. Portanto, se o observador for incapaz de reconhecer se uma palavra é a mesma ou é diferente, o seu parceiro precisa simplesmente mostrar novamente a primeira palavra e as suas variações para ajudá-lo a "recalibrar". O ponto que desejamos enfatizar é que se vocês não conseguirem reconhecer uma variação, isso não significa que fizeram alguma coisa errada; nem que são "lentos" ou "estúpidos". Significa simplesmente que a sua imagem ainda não estava suficientemente clara.

Desenvolvendo a habilidade auditiva

RD: O exercício de Aprendizagem Dinâmica para desenvolver o reconhecimento e a memória auditiva, sob muitos aspectos, é semelhante ao de desenvolvimento visual, mas incorpora o som em lugar da visão. Os passos básicos do exercício estão resumidos a seguir.

Formem grupos de quatro pessoas (**A**, **B**, **C** e **D**)

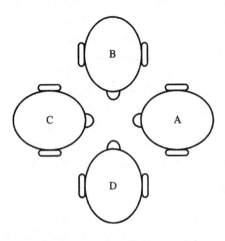

PASSO 1. **A** senta-se ou fica em pé e **B**, **C** e **D** formam um semicírculo à sua volta. **B**, **C** e **D** emitem um som, um de cada vez (isto é, estalam os dedos, batem de leve com um lápis na cadeira, batem palmas, desde que cada uma emita sempre o mesmo tipo de som) e enquanto fazem isso, cada uma delas repete o seu nome após o seu som. **B**, **C** e **D** repetem o som e o nome até **A** informar que pode identificar cada pessoa pelo seu som correspondente.

PASSO 2. **A** fecha os olhos e **B**, **C** ou **D** emite o som. **A** deve adivinhar qual delas fez o som.

PASSO 3. Se **A** errar, então **B**, **C** e **D** repetem o som original e o seu nome até **A** informar que pode identificar a combinação entre o nome e o som correspondente. O grupo repete o PASSO 2.

PASSO 4. Para acrescentar uma variação interessante, **B**, **C** e **D** podem tentar imitar o som uma da outra e **A** deve adivinhar quem está imitando quem. Por exemplo, **A** pode dizer: "**B** está imitando **C**" ou "**B** está imitando **D**".

RD: Gostaríamos de demonstrar essa "calistenia" sensorial; comecem a exercitar os seus ouvidos. Eileen e Marsha, vocês poderiam nos ajudar? Eileen, sente-se aqui. Você será a pessoa **A** — o "aluno".

Todd, Marsha e eu faremos o mesmo tipo de som. Sua tarefa será distinguir qual de nós está fazendo o som. Primeiro, você deverá "calibrar" as nossas diferentes maneiras de fazer os sons. Portanto, comece fechando os olhos, Eileen. Nós vamos estalar os dedos, todos no mesmo lugar, à sua frente. Enquanto fazemos isso, diremos nossos nomes para que você possa associar o som ao nome.

RD: [*Estalo*] — Robert.

Marsha: [*Estalo*] — Marsha.

TE: [*Estalo*] — Todd.

RD: OK, você precisa ouvir novamente? Você pode pedir outra calibração.

Eileen: Sim. Eu gostaria de ouvir novamente.

RD: [*Estalo*] — Robert.

Marsha: [*Estalo*] — Marsha.

TE:[*Estalo*] — Todd.

Eileen: OK. Acho que posso reconhecer as diferenças.

RD: Bom. Agora, um de nós irá estalar os dedos e você tentará adivinhar quem é.

Marsha: [*Estalo*]

Eileen: Marsha.

TE: [*Estalo*]

Eileen: Todd.

RD: [*Estalo*]

Eileen: Robert.

RD: [*Estalo*]

Eileen: Robert.

TE: [*Estalo*]

Eileen: Robert. Ah, esperem, esse foi Todd.

TE: Sim, muito bem. Eu fiz de propósito, para aumentar o desafio. Coloquei minha mão no lugar em que Robert havia estalado os seus dedos.

RD: Eileen estava começando a calibrar baseando-se no lugar; mas, como dissemos no exercício, quando a pessoa começa a adivinhar vocês podem tornar a tarefa mais desafiadora, tentando tornar os seus sons mais parecidos. Agora, se Eileen não tivesse conseguido distinguir entre Todd e eu quando Todd tentou tornar o seu som parecido com o meu, então nós a faríamos recalibrar entre nós dois, com os olhos fechados. Todd e eu estalaríamos os dedos naquele determinado lugar até Eileen conseguir perceber a diferença. E, para sua informação Eileen, você poderia ter dito algo como "esse é Robert tentando imitar Todd". Lembre-se de que o objetivo deste exercício é aperfeiçoar as suas habilidades auditivas. OK. Vamos tentar novamente.

Marsha: [*Estalo*]

Eileen: Foi Marsha.

TE: [*Estalo*]

Eileen: Robert? Não, foi Todd. Mas era Todd imitando Robert.

RD: Está certo.

TE: [*Estalo*]

Eileen: Todd.

RD: [*Estalo*]

Eileen: Robert.

Marsha: [*Estalo*]

Eileen: Marsha.

RD: [*Estalo*]

Eileen: Robert.

TE: [*Estalo*]

Eileen: Todd?

RD: Está certo. Era um Todd tentando soar como um Robert.

TE: Para serem justos com a pessoa que está ouvindo, vocês precisam inicialmente ser tão constantes quanto puderem ao fazer o som, para que ela possa calibrar e distinguir o seu som dos outros. Se Eileen estiver tentando calibrar e distinguir entre esses diferentes sons e eles continuarem mudando, torna-se mais difícil para ela obter sucesso. O objetivo é repetir o mesmo som, no início, para ajudar a pessoa que está tentando fazer a calibração. Não se trata de enganá-la — trata-se de lhe dar evidências sensoriais reais, que ela possa usar em seu cérebro para diferenciar e determinar qual pessoa está fazendo qual som.

RD: A propósito, há muitos tipos de sons que podem ser feitos — estalar os dedos, bater palmas, pigarrear, até mesmo bater de leve em algum objeto.

TE: Se vocês decidirem bater de leve num objeto, todos deverão bater no mesmo objeto. Por exemplo, se for uma colher, todos devem usar a mesma colher; se for uma caneta, todos devem usar a mesma caneta e batê-la no mesmo local.

RD: Essa seria uma tarefa muito desafiadora. Vocês teriam de começar ouvindo a assinatura única da maneira como a pessoa realmente bate em alguma coisa. Coisas como pigarrear são interessantes porque a voz de cada um possui qualidades únicas. E pode ser divertido tentarem imitar um ao outro.

Por falar nisso, percebam que essa tarefa não trata simplesmente de informação auditiva. Eileen precisou manter três modelos diferentes de som em sua mente, para tentar distinguir a informação atual e combiná-la com um desses três modelos. Portanto, essa tarefa não é apenas sobre ouvir coisas. Ela é sobre representar internamente informações auditivas e combinar uma informação contínua a um dos três modelos internos em sua mente. É uma habilidade bastante sofisticada — e que vale a pena desenvolver.

TE: O seu grau de sucesso nesse exercício lhe dirá muito a respeito das suas "microestratégias" inconscientes para escutar e ouvir. Por exemplo — como no exercício de memorização auditiva na seção anterior —, vocês tentam ouvir o som de determinada pessoa e associá-lo a uma imagem visual; como é a imagem do rosto da pessoa que está fazendo o som? Isto é, Eileen formou uma imagem mental de Robert fazendo o som ou não tinha nenhuma imagem? Talvez ela apenas tenha assimilado sons e, mentalmente, tenha gravado o barulho associando-o ao som da voz de Robert.

Como o objetivo desse exercício é desenvolver o sistema auditivo, seria um desafio interessante tentar fazê-lo de maneira puramente auditiva. Na verdade, antes de começar, talvez vocês queiram rever algumas das qualidades básicas ou "submodalidades" do sistema representacional auditivo; como volume, tom, intensidade, ritmo, distância, localização, e assim por diante. Se vocês fossem pegar os sons que ouvem e dividi-los em seus componentes puramente auditivos, sem transferi-los para outro sistema representacional, apenas representando-os como sons — essas submodalidades seriam algumas das qualidades que vocês diferenciariam. Uma pessoa fala mais alto do que a outra? O som de uma pessoa é mais longo do que o das outras? O tom de voz de determinada pessoa é mais alto ou mais baixo do que o de outra? Se vocês quiserem tentar o exercício apenas como uma habilidade puramente auditiva, talvez estes sejam os tipos de diferenças que vocês poderiam usar para distinguir as características de determinados sons associados a determinadas pessoas.

RD: O tipo de microestratégias fundamentais sobre as quais Todd está falando pode ter uma grande influência em sua habilidade para realizar tarefas auditivas. Por exemplo: realizei algumas modelagens comparando pessoas "não-musicais" com indivíduos que têm o chamado "ouvido absoluto", e com aquelas que têm um "ouvido relativo". As pessoas com um "ouvido relativo" são capazes de distinguir com precisão notas musicais relacionadas entre si. Isto é, se você lhes der uma nota e lhes disser que é um "lá", "si" ou "dó" elas começam a determinar outras notas que ouvem, que correspondem a ela. Entretanto, primeiramente, precisam ouvir uma nota básica. As pessoas com um "ouvido absoluto" não precisam de nenhuma referência externa. Por exemplo, se tocarmos qualquer nota no piano, a pessoa pode dizer imediatamente: "Esse é um ré bemol" ou "esse é um fá". E podem dizer em que oitava a nota está, sem nenhuma referência externa.

Em outras palavras, a sua referência para o som está totalmente dentro do seu próprio sistema nervoso. Geralmente, elas justapõem o som nos dois principais sistemas representacionais — visão e, particularmente, sentimento. O som vai diretamente para determinado sentimento e é assim que elas sabem qual é o tom. Uma das perguntas que estávamos tentando explorar com o estudo era saber se o ouvido absoluto e/ou o ouvido relativo poderiam ser ensinados ou desenvolvidos em pessoas que não nasceram com eles. O objetivo desse estudo era modelar pessoas que tinham ouvido absoluto e relativo e, então, ensinar as estratégias para outras pessoas, para verificar se elas poderiam melhorar sua habilidade para distinguir notas musicais. Como vocês podem imaginar, foi mais fácil ensinar o ouvido relativo do que o absoluto; mas vocês se surpreenderiam ao ver a rapidez com que as pessoas conseguiam identificar as notas no piano depois de adquirir uma estratégia efetiva.

Como Todd mostrou, de início, vocês realmente precisam associar o som ao nome, como "ré", "fá menor", e assim por diante. É como associar determinado som a uma pessoa, como nesse exercício. Portanto, esse exercício ou jogo aparentemente simples é, na realidade, o mesmo tipo de processo que ocorre quando estamos desenvolvendo alguma coisa como um ouvido absoluto.

TE: Incidentalmente, as pessoas com ouvido absoluto não têm essa habilidade apenas para sons vindos de instrumentos musicais. Elas ouvem todos os sons e sabem quais são as notas. É como se elas não conseguissem não saber que nota é. Em outras palavras, você fecha a porta e elas respondem com "si bemol". Faz parte de como elas se relacionam com o mundo.

RD: É uma parte da sua identidade e de seu estilo de vida. Quando elas ouvem sons, é como se os tons ressonassem em outras partes do seu sistema nervoso. Essa é uma maneira realmente poderosa de se relacionar com o som. Por exemplo, Mozart escreveu que sentia, provava e via sua música, além de ouvi-la. Outros compositores, como Beethoven, também descreveram esses tipos de "sinestesias" (ver *Estratégia da genialidade — vol. I*).

TE: Uma das estratégias que eu usava para ensinar música era fazer os alunos cantarem qualquer coisa que estivessem tocando. Não importava o que estivessem tocando, quais as escalas ou notas. Eles deveriam cantar aquilo que tocavam. Isso cria uma referência interna para a música. Por exemplo, se alguém me disser: "Toque *do dah dee do dee dah*", eu sei onde isso está no instrumento, na escala e dentro da minha cabeça. Digamos que vocês estejam caminhando pela rua e uma melodia venha à sua mente. Muitas pessoas acabam esquecendo dela, se não correrem para casa e a anotarem. Comigo é diferente. Assim que começo a cantá-la em minha mente, a imagem visual da guitarra ou do piano surge inesperadamente e torna-se semelhante a um filme. Então, quando chego em casa, apenas passo o filme novamente. Essas ligações mentais me permitem fazer uma correlação direta entre o som e aquilo que as mãos realmente estão fazendo. Algumas vezes, é esquisito. Coisas estranhas acontecem quando tenho cerca de catorze instrumentos tocando ao mesmo tempo. Onde eles estão tocando e toda a orquestra toca ao mesmo tempo em sua cabeça.

RD: Agora vocês entendem por que ele age desse modo algumas vezes. (Risos)

TE: De que outra forma você escreveria para quinze pessoas se não tiver quinze instrumentos tocando em sua cabeça ao mesmo tempo? Do contrário, você teria de juntar a música, segmento por segmento; e, se fizesse isso, como você saberia se todas as partes iriam se encaixar?

RD: Aprender, pensar e a habilidade para funcionar nesse mundo vêm do fato de sermos capazes de sorver esse mundo por meio dos sentidos. Imaginem que vocês estivessem com sede no sistema auditivo e que os sons fossem algo que pudessem simplesmente sorver pelas orelhas. Esse é o tipo de estado que vocês ficarão durante esse exercício. Comecem com três sons (então vocês podem tentar até catorze ou quinze, como disse Todd). Os sons podem ser estalos, palmas, assobios ou todos cantando as mesmas notas.

****

Após o exercício

RD: Alguma pergunta, relato ou comentário a respeito do último exercício?

Homem: Foi mais difícil do que a prática visual, porque realmente não nos ensinaram a escutar quando éramos crianças; a não ser que fôssemos músicos.

TE: Não nos ensinaram a pensar em desenvolver os sons. De modo geral, na cultura ocidental, descrevemos as coisas visualmente. Nossa linguagem está cheia de referências a submodalidades visuais como tamanho, forma, cor, intensidade, e assim por diante. Quando crianças, realmente não aprendemos a descrever os sons com os mesmos detalhes que aprendemos a descrever o mundo visual. A maioria das crianças, quando lhes perguntamos como soa determinada coisa, fará ou imitará o som. Elas não dizem: "É uma freqüência bastante elevada, cerca de 2 mil herz e durou aproximadamente 3.5 milissegundos". Mas descrevemos coisas visualmente quase com tanta precisão. As pessoas dizem coisas como: "Era circular, com cerca de trinta centímetros e na metade...". Não estamos treinados para pensar no sistema auditivo dessa maneira.

RD: Na verdade, vocês provavelmente aprenderam a pensar nos detalhes de suas experiências auditivas em termos visuais. Quando eu estava no colegial, tinha uma professora que adorava música. Lembro-me de uma vez em que ela tocou um disco de música clássica durante a aula, nos deu lápis de cera e nos pediu para desenhar a música. Eu perguntei: "O quê?!" Para mim, a música era mais cinestésica. Lembro-me de ter olhado em volta e ter visto o resto da classe desenhando todos os tipos de figuras que viam na música; e eu não tinha idéia do que ela estava falando. Acabei usando uma espécie de estratégia cinestésica, na qual eu apenas movia minha mão para cima e para baixo quando o som aumentava ou diminuía e o meu desenho ficou horrível. Ainda me lembro do olhar desapontado da professora quando o viu. Ela disse: "A música é assim para você?". Justapor sons sobre imagens foi uma habilidade que precisei aprender a desenvolver.

TE: Acho que vocês também podem treinar os ouvidos para escutar com mais atenção. Eu realmente acredito nisso. Ouço lâmpadas. Entro em casa e posso dizer quando uma lâmpada vai queimar. Uma semana antes disso acontecer, sei que ela vai queimar. É provável que essa habilidade esteja relacionada ao treinamento auditivo que realizei durante os vinte anos da minha carreira musical.

Como exemplo, certa vez eu estava envolvido numa pesquisa cujo objetivo era desenvolver a acuidade auditiva. Agora, na música, existe uma coisa chamada "timbre". O timbre é o que faz o saxofone soar como um saxofone, e não como uma flauta. Isto é, há uma diferença entre o tom puro das notas do, ré, mi etc., e o som de um saxofone ou de um piano tocando as notas do, ré, mi etc. Essa diferença tem a ver com as outras freqüências que o instrumento está acrescentando à nota pura. Se vocês ouvissem uma "nota pura" gerada num aparelho de som, ela não seria nem um pouco agradável ao ouvido. O que torna o som dos instrumentos agradável é que eles têm aquilo que chamamos de "sons harmônicos". Esses sons harmônicos criam os sons da flauta *versus* o do piano ou o do violino.

Nesse estudo, eles gravaram um saxofone tocando a melodia da canção "Moon over Vermont" — apenas um saxofone tocando a canção. Eles tocaram essa gravação para as pessoas e perguntaram: "Quantos instrumentos você ouve? Quantas melodias você percebe?". Inicialmente, as pessoas responderam: "Apenas o saxofone, apenas um instrumento está tocando a melodia".

Então, separaram eletronicamente o tom puro e os "sons harmônicos". Era possível ver e ouvir que havia outras freqüências acima e abaixo da nota pura e que estas tinham seus próprios padrões, que são conhecidos como "harmonia". À medida que a nota principal se move, a linha harmônica move-se em relação a ela. Esse padrão de freqüências acontece automaticamente; é uma função do *design* do instrumento.

Nesse estudo, fizeram as pessoas ouvir cada uma das linhas harmônicas diversas vezes, durante cerca de dois dias, três horas por dia. No dia seguinte, tocaram novamente a gravação inicial do saxofone e perguntaram às pessoas quantas melodias elas ouviam. Elas ouviam no mínimo cinco. Em outras palavras, não ouviam mais o saxofone como sendo apenas um saxofone, ouviam a nota pura sendo tocada e o movimento de todos os sons harmônicos ao redor dela. Em vez de apenas ouvirem o saxofone, agora ouviam essa rica peça musical com apenas um único instrumento tocando. Isso mostra o quanto podemos treinar os ouvidos das pessoas para discernir a diferença entre coisas — apenas expondo-as a elas. Finalmente, as pessoas foram até mesmo capazes de dizer quais eram os sons harmônicos. Naturalmente, essas pessoas disseram que a partir daí a sua experiência com a música estava completamente diferente.

RD: Seria como escutar um quarteto. Ouvimos todos cantando juntos, então ouvimos cada um deles cantando a sua parte.

TE: Aprendemos como soa cada parte individual.

RD: Então, quando ouvirmos o quarteto novamente não estaremos apenas ouvindo esse conjunto de sons, estaremos ouvindo todas as partes funcionando e tocando entre si.

TE: E, mais importante, essas pessoas adquiriram mais escolhas a respeito daquilo que ouvem. Acho que a escolha é importante para qualquer habilidade. Por exemplo, posso decidir não escutar as lâmpadas agora e não ouvi-las. O importante é ser capaz de ouvir se assim quisermos, ou decidir se não precisamos escutar.

RD: Novamente, parte daquilo que estamos falando é a respeito de ter controle sobre a audição, bem como sobre a audição intensificada. O que acontece é que as pessoas temem ouvir mais, porque ficarão sobrecarregadas. Mas o tipo de coisa que Todd estava descrevendo está relacionada a fazer escolhas.

TE: Você organiza as coisas para não ficar sobrecarregado. Por exemplo, posso criar um som interno em meus ouvidos e não ouvir mais nada vindo de fora. Eu cresci num apartamento bem próximo à estrada de ferro. Os trens passavam desde as 5 horas da manhã até as 2 horas da manhã seguinte. Portanto, para dormir, era preciso aprender a fazer "tampões para os ouvidos".

RD: A propósito, vocês também podem ajudar as pessoas a remover os "tampões dos ouvidos" que não são mais necessários. Eu trabalhei com uma senhora que, num dos ouvidos, tinha problemas de audição e muita dificuldade para ouvir coisas relacionadas à voz humana. Supostamente, ela tivera algum tipo de dano orgânico e fora submetida a diversas cirurgias. Descobri que ela tivera uma infância difícil e que havia muitos motivos para não querer ouvir. Ajudei-a a modificar algumas crenças a respeito da audição e quando ela voltou e testou sua audição, a deficiência havia desaparecido; especialmente com relação a vozes humanas. Ela conseguia ouvir com o ouvido anteriormente prejudicado.

O nosso trabalho conjunto envolveu essencialmente ajudá-la a desassociar determinados sons de sentimentos. Por falar em sentimentos, o exercício da Aprendizagem Dinâmica para desenvolver o reconhecimento e a memória cinestésica é muito semelhante ao exercício para o desenvolvimento auditivo. Os passos básicos do exercício estão resumidos a seguir.

Desenvolvendo a habilidade cinestésica

Formem um grupo de quatro pessoas (**A, B, C, e D**)

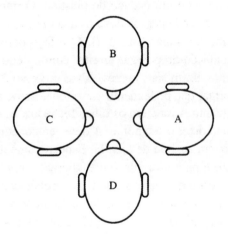

PASSO 1. **A** senta-se ou fica em pé e as pessoas **B, C** e **D** formam um semicírculo à sua volta.

PASSO 2. **A** deve orientar seus olhos para baixo e para a direita (ou para a esquerda, se for canhota) e respirar profundamente para estimular o acesso máximo aos seus sentimentos.

(Destros)   *(Canhotos)*

Então, **A** é instruída a fechar os olhos e **B**, **C** e **D** tocam **A**, uma de cada vez. Elas devem tocar **A** no mesmo lugar. Inicialmente, **B**, **C** e **D** dirão seus nomes enquanto tocam **A**, para que **A** possa associar o toque de cada pessoa ao seu nome.

Por exemplo: **B**, **C** e **D** tocam as costas da mão de **A** com os dedos. **B**, **C** e **D** também podem usar um objeto como um lápis ou um pedaço de plástico. O importante é lembrar que cada pessoa deve usar o mesmo objeto e tocar **A** no mesmo lugar (isto é, **B**, **C** e **D** poderiam tocar **A** na articulação do polegar direito, com o dedo indicador, enquanto dizem seus nomes). Esse processo é repetido até **A** informar que pode identificar o toque associado ao nome.

PASSO 3. Enquanto **A** mantém os olhos fechados, **B**, **C**, ou **D** tocará **A** sem dizer o seu nome. **A** deve, então, adivinhar o nome de quem acabou de tocá-la. Especificamente, **A** olha para baixo e para a direita (ou esquerda) e compara as sensações do toque que acabou de receber com a lembrança dos três toques que experimentou anteriormente. **A** escolhe aquele que combina mais e pronuncia em voz alta o nome que associou àquele toque.

PASSO 4. Se **A** não conseguir adivinhar corretamente quem acabou de tocá-la, deve "recalibrar" repetindo os PASSOS 2 e 3.

Quando **A** tiver adivinhado a pessoa correta três vezes numa rodada, passem para a próxima seção, para o próximo nível do exercício.

PASSO 5. **A** é novamente instruída a fechar os olhos e orientá-los para baixo e para a direita ou para a esquerda. Enquanto **A** está com os olhos fechados, **B, C e D** tocam **A**, em seqüência, sem se identificarem verbalmente. **A** então deve combinar os nomes com os toques e adivinhar a seqüência adequada. As seqüências devem ser aleatórias, por exemplo, **<B, D, C>** ou **<C, D, B>** etc.

PASSO 6. Se **A** não conseguir identificar a seqüência correta pode pedir uma "recalibração" repetindo o PASSO 2 (associando toques a nomes).

Quando **A** tiver identificado corretamente três seqüências numa rodada, passem para o passo seguinte.

PASSO 7. Para realmente aumentar a habilidade de **A** para usar o sentido do toque, **B, C e D** podem tentar imitar os toques uns dos outros. Com os olhos fechados, **A** tenta adivinhar quem está imitando quem. Por exemplo, **B** tenta combinar a qualidade do seu toque com a de **D** e **C** tenta tocar como **B**.

Esse exercício pode ser muito divertido.

RD: Jean e Mary Beth, vocês poderiam nos ajudar a fazer uma demonstração? Jean, você fechará os olhos e Todd, Mary Beth e eu iremos tocá-la no mesmo lugar em sua mão. Nós a tocaremos no mesmo lugar, diremos nossos nomes e você tentará nos distinguir pelas diferenças entre os nossos toques. OK, feche os olhos.

TE: [*Toca a mão de Jean*] Todd.

RD: [*Toca a mão de Jean*] Robert.

Mary Beth: [*Toca a mão de Jean*] Mary Beth.

RD: Vamos fazer mais uma vez.

TE: [*Toca a mão de Jean*] Todd.

RD: [*Toca a mão de Jean*] Robert.

Mary Beth: [*Toca a mão de Jean*] Mary Beth.

RD: Agora, você dirá qual de nós está tocando a sua mão. Desta vez, não diremos os nossos nomes.

TE: [*Toca a mão de Jean*]

Jean: Todd.

Mary Beth: [*Toca a mão de Jean*]

Jean: Robert?

RD: Na verdade, era Mary Beth. Portanto, começaremos novamente, eu e Mary Beth.

Mary Beth: [*Toca a mão de Jean*] Mary Beth.

RD: [*Toca a mão de Jean*] Robert.

Mary Beth: [*Toca a mão de Jean*] Mary Beth.

RD: [*Toca a mão de Jean*] Robert. Agora, você dirá quem é esse [Toca a mão de Jean]

Jean: Robert.

RD: Certo. Agora, nós continuaremos.

Mary Beth: [*Toca a mão de Jean*]

Jean: Mary Beth.

RD: Certo.

Mary Beth: [*Toca a mão de Jean*]

Jean: Mary Beth.

RD: Certo novamente.

TE: [*Toca a mão de Jean*]

Jean: Todd.

Mary Beth: [*Toca a mão de Jean*]

Jean: Robert.

RD: Não, na verdade, era Mary Beth.

Jean: Eu devia ter percebido. O toque de Mary Beth é mais firme. Todd, é impossível não perceber que é você. A sua temperatura é diferente.

TE: Como vocês podem ver, Jean está começando a fazer algumas distinções cinestésicas bastante refinadas. Uma das coisas que Jean disse e que tornou mais fácil reconhecer o meu toque é que a temperatura era diferente. Antes de começar esse exercício vocês talvez queiram rever algumas das submodalidades cinestésicas como temperatura, tamanho, pressão e, se houver movimento, a velocidade do movimento. Isso ajudará a torná-los sensíveis a algumas das qualidades que os ajudarão a reconhecer diferenças entre o toque de diversas pessoas.

RD: Há também uma segunda parte do exercício de desenvolvimento cinestésico, na qual, como no exercício auditivo, vocês tentarão imitar uns aos outros. Isso pode ser tão interessante para as pessoas que tocam como para aquela que está sendo tocada. Por exemplo, pode ser fascinante perceber o que muda internamente quando vocês imitam o toque de outra pessoa.

TE: Em outras palavras, se eu for imitar o toque de Linda, será que preciso mudar alguma coisa em meus sentimentos ou mudar o meu estado?

RD: Imitar outra pessoa é uma forma de "modelá-la". Vocês podem obter intuições sobre outras pessoas apenas tocando alguém da maneira como elas tocam essa pessoa.

Já que você tocou nesse assunto, tenho certeza de que todos vocês estão sentindo comichão para fazer esse exercício agora. É uma boa maneira de entrarem em contato uns com os outros.

TE: Mãos à obra.

RD: Devo dizer Todd, que você realmente parece ter captado o processo da Aprendizagem Dinâmica.

Resumo:

Estratégias para desenvolver os sentidos

RD: A nossa crença é a de que todos nasceram com capacidade para utilizar plenamente todos os sentidos. Quase todas as crianças que encontramos haviam tido um contato excepcionalmente forte com a sua mente, ouvidos e sentimentos. Com freqüência, as pessoas perguntam: "Como você usa a PNL com crianças que não sabem nada sobre psicologia cognitiva e os sentidos?" A nossa resposta é que as crianças são, na verdade, os verdadeiros especialistas nisso! Em geral, estão muito mais em contato com os seus sentidos e com a sua imaginação do que os adultos. Na verdade, uma das maneiras de ajudar os adultos a reativar algumas dessas capacidades é ajudá-los a entrar novamente em contato com a sua infância.

A PNL oferece diversos métodos pelos quais as pessoas podem aprender a desenvolver e melhorar sua habilidade para usar mais plenamente qualquer um dos seus sistemas representacionais (ver também *Estratégia da genialidade — vol. III)*. A seguir, um resumo de algumas das várias maneiras para desenvolver os sentidos que apresentamos neste livro. Esses métodos incluem:

Ajustar a fisiologia
Acompanhar e conduzir experiências de referência
Segmentar
Diminuir as interferências dos outros sentidos
Estimular a justaposição positiva com outros sentidos
Esclarecer a história pessoal e as crenças limitadoras

Ajustar a fisiologia

As *pistas de acesso* são comportamentos sutis que acompanham a ativação de determinado sistema representacional. O modelo BA-GEL identifica diversos tipos de micropistas comportamentais, incluindo os olhos e outras características físicas, que estão associadas aos processos cognitivos — particularmente aqueles que envolvem os cinco sentidos.

Por exemplo, os padrões dos movimentos oculares são os mais interessantes desses "reflexos mínimos" ou micropistas comportamentais e os mais intimamente associados à PNL. O movimento dos olhos para cima e para a esquerda ou para a direita tende a acompanhar a visualização. Um movimento ocular para cima e para a esquerda geralmente coincide com a recordação de lembranças visuais, enquanto um movimento para cima e para a direita acompanharia a formação de imagens construídas ou fantasias. O movimento horizontal dos olhos tende a acompanhar a audição. Olhos voltados para baixo acompanham os sentimentos. Uma posição ocular para a esquerda geralmente indica memória, enquanto um movimento para a direita indica imaginação.

A postura corporal é outra importante influência e um reflexo dos processos internos de uma pessoa. Por exemplo, a maioria das pessoas provavelmente acharia muito difícil ser criativa com a cabeça abaixada e os ombros curvados. Ao colocar-se nessa posição, você descobrirá que é difícil sentir-se inspirado. A PNL descobriu que quando as pessoas estão visualizando tendem a inclinar-se um pouco para trás, com os braços cruzados ou a cabeça inclinada. Quando as pessoas estão tendo sentimentos, tendem a inclinar-se para a frente e respirar mais profundamente.

Com freqüência, as pessoas também gesticulam em direção ao órgão do sentido que está mais ativo naquele momento. Elas tocarão ou apontarão para os olhos quando estiverem tentando visualizar alguma coisa ou quando obtêm *insight*. As pessoas gesticulam em direção às orelhas quando estão falando de alguma coisa que ouviram ou estão tentando ouvir. Igualmente, tocarão a boca quando estiverem pensando verbalmente (como *O pensador*, de Rodin). Quando as pessoas tocam o peito ou o estômago, geralmente isso indica sentimentos.

Assim, várias constelações desses tipos de pistas podem apoiar ou inibir o desenvolvimento e a utilização de determinados sistemas representacionais. Não nos surpreenderia se uma pessoa que estava sentada, totalmente curvada para a frente, olhando para o chão e passando a mão no queixo tivesse dificuldade para visualizar. Por exemplo, a visualização eficaz envolveria uma postura na qual a cabeça e os olhos estivessem voltados para cima. Para uma pessoa destra, a memória visual seria mais facilitada pelo movimento da cabeça e dos olhos para a esquerda. A imaginação visual aumentaria pelo posicionamento da cabeça e dos olhos para a direita.

A propósito, experimentar essas pistas não nos fará automaticamente começar a ver fantasias em *tecnicolor*. O nosso sistema nervoso não é uma máquina e as pistas de acesso não são simples gatilhos de causa-efeito. Ajustar a nossa pista de acesso pode ser comparado ao que fazemos quando estamos sintonizando um canal na televisão. A imagem na tela não vem realmente de dentro da televisão. A imagem é transmitida de algum outro lugar. Ao sintonizarmos um canal, podemos escolher as imagens e os sons que estão sendo transmitidos. As pistas de acesso funcionam de maneira semelhante. Elas ajudam a pessoa a sintonizar quaisquer representações mentais que estejam ativas. Da mesma maneira como ocorre com a televisão, descobrimos que se o sinal transmitido for fraco ou distante, talvez não seja possível captá-lo, independentemente das nossas tentativas para ajustar os botões. Contudo, se morarmos próximo a uma torre de transmissão ou satélite a precisão da sintonização é menos essencial.

A questão é que se vocês desejarem desenvolver a habilidade para visualizar devem certificar-se de que o seu "equipamento" esteja adequadamente sintonizado. Por exemplo, muitas pessoas consideram cansativo ou desconfortável colocar os olhos em certas posições. Ao praticarmos e nos tornarmos conscientes das posturas corporais e das pistas que facilitam a visualização, podemos ajudar a facilitar o desenvolvimento natural dessa capacidade. Aos três anos, por exemplo, a minha filha já sabia como olhar para cima para visualizar palavras. Ela é capaz de soletrar facilmente palavras simples, até mesmo de trás para a frente.

Acompanhar e conduzir experiências de referência

Quando o "circuito" do seu sistema nervoso estiver adequadamente "sintonizado", você poderá concentrar-se no sinal a ser "transmitido". Mesmo não sendo um bom visualizador, em geral há algumas imagens mentais das quais ela está consciente — por exemplo, os sonhos.

Ao começarmos com uma imagem, mesmo muito simples, comum ou indistinta, conseguiremos "fixá-la" para ela não "sumir". Retornando a essa imagem básica de referência, ajustando-a cada vez mais, ela finalmente ganhará "força e clareza". Por exemplo, fechem os olhos e vejam que imagens vocês conseguem criar naturalmente. Talvez seja fácil lembrar o rosto das pessoas que vocês amam, do personagem favorito de um filme, de uma experiência do passado emocionalmente forte, de um local especial de férias, do pôr-do-sol, do seu carro ou de um simples objeto da sua casa. Depois de formarem essa imagem, mesmo que a princípio ela seja muito indistinta, continuem voltando a ela e vejam se conseguem acrescentar mais profundidade, detalhes ou cores.

As pessoas, em geral, têm acesso a uma grande quantidade de informações sensoriais, mesmo que não estejam instantaneamente conscientes delas. Por exemplo, trabalhei com muitas pessoas que, inicialmente, afirmavam não conseguir visualizar. Uma das primeiras perguntas que faço é: "Se você pudesse visualizar, o que veria?", "Se você pudesse visualizar um grande balão suspenso à sua frente, como ele seria, se você pudesse vê-lo?" A maioria das pessoas começará a responder: "Bem, ele seria vermelho e redondo, estaria mais ou menos a essa distância.", e assim por diante. A questão é que a informação e os detalhes podem estar lá, mas não como uma imagem consciente ou "alucinação positiva". A partir daí, é uma questão de acompanhar e conduzir as imagens inconscientes para a consciência.

Segmentar

"Segmentar" é o processo de tomar pequenos fragmentos de informação e agrupá-los num todo mais amplo, ou de tomar um objeto inteiro e dividi-lo em elementos menores. Algumas pessoas conseguem formar uma imagem de pequenos detalhes, mas são incapazes de ver o objeto inteiro. Outras, podem visualizar cenas inteiras, mas não conseguem formar uma imagem dos detalhes.

Algumas vezes, quando estou ajudando uma pessoa a aprender como visualizar, digo: "Vamos começar com alguma coisa simples e, então, iremos 'segmentar para cima'. Vamos formar a imagem de uma bola". Quando ela consegue imaginar a bola ou algum outro objeto simples, acrescentamos outra bola, e depois outra, até ela conseguir formar uma pilha de bolas com o formato de uma pirâmide ou alguma outra composição. Outras vezes, posso fazê-la começar com uma imagem vaga ou com o esboço de uma pessoa e, então, procurar os detalhes, como os botões da sua camisa.

Continuo acompanhando e conduzindo, seja acrescentando maior complexidade ou detalhes à figura. Posso dizer: "Bem, se você visse essa bola na sua frente, onde estaria a sombra dela?". De onde viria a fonte de luz?". Para "ver" alguma coisa na realidade externa, precisamos de luz. O mesmo princípio é verdadeiro para as nossas imagens internas. Em minhas imagens internas sempre coloco luz e uma fonte de luz. Tentar visualizar imagens mentais sem uma fonte interna de luz é como reclamar porque não conseguimos ver um objeto numa sala escura. Como a luz lança sombras, geralmente faço as pessoas olharem primeiro para a sombra lançada por um objeto em sua mente. Quando elas conseguem descobrir onde a sombra estaria, fica muito mais fácil ver o objeto.

Diminuir as interferências dos outros sentidos

Um problema comum enfrentado pelas pessoas que estão tentando aprender a visualizar são as interferências dos outros sistemas representacionais sensoriais. Isso geralmente acontece quando uma pessoa está se esforçando tanto para visualizar que acaba atrapalhando a si mesma. Por exemplo, uma pessoa pode ter uma voz interna crítica que diz: "O que há de errado comigo? Não consigo fazer nada direito. Por que não consigo ver essa imagem?". Em vez de ajudar, a voz interfere no processo de visualização porque está bloqueando os canais representacionais da pessoa.

Uma outra fonte de interferência vem dos estímulos externos. Na verdade, um dos propósitos das pistas de acesso é ajudar a diminuir a interferência vinda de informações sensoriais externas. Como disse certa vez uma mulher durante uma conversa: "Realmente sinto que posso ver melhor o que você está dizendo quando não olho para você enquanto escuto".

Estimular a justaposição positiva com outros sentidos

Isso não significa, necessariamente, que os outros sentidos e o mundo externo devam estar completamente desligados. A justaposição e o apoio dos outros sentidos podem ser recursos realmente valiosos se estivermos alinhados com a tarefa de visualização. Por exemplo, se uma pessoa estiver encontrando dificuldade para visualizar um objeto, peço-lhe para estender os braços e "esculpir" o espaço que o objeto ocuparia, como se ela estivesse traçando o contorno do objeto com as mãos. Ao fazê-lo, a pessoa geralmente consegue "sentir" o espaço do objeto, mesmo que ainda não consiga visualizá-lo conscientemente.

Quando a pessoa é muito verbal, posso pedir-lhe para descrever os detalhes do objeto enquanto olha para ele em sua mente. Para usar o sentido da audição vocês podem imaginar que são um morcego e emitir um som que possam ouvir ressoando do objeto como um pequeno radar interior. Isso pode ajudar a perceber melhor o objeto que vocês estão tentando visualizar.

Em vez de considerá-la uma distração, podemos usar a nossa interação com o mundo externo para ajudar a desenvolver a visualização mental. Uma sugestão que faço com freqüência para as pessoas que desejam aprender a visualizar melhor é desenhar. Igualmente, eu sugiro às pessoas que desejam desenvolver suas habilidades auditivas internas que aprendam a tocar um instrumento musical. A consciência do sentido cinestésico pode ser desenvolvida pela dança, pelos esportes ou pelo trabalho corporal.

Conheço uma mulher que está realizando um trabalho fascinante ensinando crianças com "incapacidade para aprender" a desenvolver a habilidade para visualizar. Uma das coisas que ela descobriu foi que muitas tarefas de aprendizagem pressupõem microestratégias cognitivas tacitamente aceitas, mas nunca ensinadas diretamente. A maioria das pessoas aprendeu com a experiência que, quando um objeto é afastado de nós, ele parece ficar menor e menos distinto. Mas isso não garante que todos aprenderão esses princípios perceptivos fundamentais simplesmente por intermédio das suas experiências de vida. Lembrem-se de que há apenas algumas centenas de anos os artistas renascentistas como Leonardo da Vinci conceberam a perspectiva visual tridimensional. Essa professora, por exemplo, descobriu que muitas crianças com incapacidade para aprender não haviam adquirido algumas dessas microabilidades cognitivas fundamentais. Isso dificulta ainda mais a formação das representações mentais necessárias para a aprendizagem na sala de aula.

Portanto, ela começou com objetos reais e primeiramente ensinou às crianças essas microabilidades básicas. Ela poderia dizer: "Olhem para esse pedaço de madeira que estou segurando. Eu o estou afastando, o que vocês vêem? O que acontece à medida que ele se afasta de vocês?". Então, ela poderia dizer: "Agora, se eu o manter na mesma distância, porém virando-o, o que vocês vêem?". O tamanho permanece o mesmo, mas a forma parece mudar enquanto ele é girado. Ela poderia até mesmo fazê-los justapor os sentidos colocando seus dedos sobre o objeto enquanto ele se movesse. As crianças começaram a compreender as interações entre diversas características visuais ou "submodalidades". Depois que as crianças conseguem perceber as relações perceptivas no mundo externo, são mais capazes de fazê-lo em sua própria mente.

Obviamente, ao ensinar princípios perceptivos básicos, ela não está tentando ensinar-lhes a respeito do objeto, mas a respeito de suas próprias mentes. Assim que a nossa capacidade para usar um dos nossos sentidos é libertada, ela pode ser aplicada em diferentes situações. Vocês podem mudar a vida de uma pessoa ensinando-a como pegar uma caixa em sua mente e girá-la, permitindo que ela seja vista de diferentes ângulos, porque não se trata do conteúdo, mas, sim, da capacidade.

Esclarecer a história pessoal e as crenças limitadoras

Outra possível interferência no desenvolvimento de uma capacidade cognitiva como a visualização, são os bloqueios relacionados à nossa história pessoal ou às crenças. Algumas pessoas podem acreditar que, se realmente libertarem o seu sonhador, passarão o resto da vida num mundo de sonhos, sonhando em vez de fazer. Talvez uma pessoa tenha tal crença porque teve um pai assim. Lembro-me de ter trabalhado com uma pessoa que tinha muita dificuldade para ouvir qualquer coisa em sua mente. Acontece que um de seus irmãos ouvia vozes o tempo todo e havia sido colocado numa instituição para doentes mentais. Daí ela ter medo de ouvir qualquer coisa internamente. Para ela foi importante aceitar primeiramente que a capacidade para ouvir alguma coisa na mente era simplesmente uma habilidade e não a causa do estado de seu irmão.

Também trabalhei com diversas pessoas que tinham dificuldade em lembrar de imagens visuais porque eram crianças durante a Segunda Guerra Mundial. Elas haviam recebido mensagens muito claras: "Se você lembrar-se daquilo que viu ou contar qualquer coisa para alguém, alguém será morto ou ferido". Elas também podem ter visto muitas coisas das quais não querem se lembrar.

Em geral, a questão nesses tipos de interferência é: "Se eu despertar essas imagens, serei capaz de apagá-las?" Assim, paradoxalmente, algumas vezes, a melhor maneira de ajudar alguém a despertar uma capacidade é ensinar-lhe como apagá-la. Assim, a pessoa saberá que domina o processo e não terá medo de perder o controle.

Explorando os filtros perceptivos

A seguir, alguns exemplos de exercícios feitos pelas pessoas em nossos programas de treinamento em PNL, com o objetivo de desenvolver mais plenamente as suas capacidades sensoriais.

Visual

1. Encontre um fenômeno que você possa ver no seu ambiente externo e que seja estável ou repetitivo. Olhe para ele durante mais ou menos 10 segundos.
2. Pare de olhar para o fenômeno e faça um desenho daquilo que você viu.
3. Encontre um parceiro e comparem os seus desenhos.
4. Revezem-se fazendo perguntas sobre a representação interna que vocês usaram para fazer o desenho. Isto é, o seu desenho é exatamente igual à sua representação interna? Caso não seja, como eles são diferentes?
5. Verifiquem especialmente quaisquer características importantes do desenho que pareçam ser diferentes do fenômeno externo.
6. Na tabela de "submodalidades" a seguir, verifiquem a lista de submodalidades VISUAIS com o seu parceiro. Para cada distinção na submodalidade, olhem para o fenômeno focalizando aquele filtro em particular.

7. Comparem as suas percepções de onde o fenômeno se encaixa nas diversas qualidades definidas em cada distinção na submodalidade, usando uma escala de 1 a 10. (Por exemplo, obscura = 1, brilhante = 10.)
8. Explore com o seu parceiro qual o ponto de referência que você pressupôs ou aceitou para determinar o grau de distinção na submodalidade (por exemplo: "Mais brilhante do que o quê?", "Brilhante comparado a quê?". À sala? À outros objetos presentes no ambiente? À luz vinda de fora?).
9. Novamente, pare de olhar para o fenômeno e faça um desenho daquilo que você viu.
10. Compare o seu novo desenho com o de seu parceiro e observe o que mudou.
11. Explore quaisquer mudanças nas representações internas que você usou para fazer os desenhos, examinando as distinções que, na submodalidade, tiveram maior impacto e influência sobre a sua percepção (mapa cognitivo interno).

SUBMODALIDADES VISUAIS

LUMINOSIDADE: obscura — brilhante
TAMANHO: grande — pequeno
COR: branco — preto — *em cores*
MOVIMENTO: *rápido* — lento — imóvel
DISTÂNCIA: perto — longe
FOCO: claro — *indistinto*
LOCALIZAÇÃO

Auditivo

1. Encontre um fenômeno que você possa ouvir no seu ambiente externo e que seja estável ou repetitivo. Escute com atenção durante mais ou menos dez segundos.
2. Pare de escutar o fenômeno e encontre uma maneira de reproduzir auditivamente o que você ouviu, usando a sua voz.
3. Encontre um parceiro e comparem as suas reproduções.
4. Revezem-se fazendo perguntas sobre a representação interna que vocês usaram para criar as suas reproduções, isto é, a sua

maneira de reproduzir o som é exatamente igual à sua representação interna? Caso não seja, como elas são diferentes?

5. Verifique especialmente quaisquer características principais da reprodução que pareçam diferentes do fenômeno externo.

6. Como na tabela de "submodalidades", apresentada anteriormente, verifique a lista de submodalidades AUDITIVAS com o seu parceiro. Para cada distinção na submodalidade, ouça novamente o fenômeno e preste atenção naquele filtro em particular.

7. Compare as suas percepções de onde o fenômeno se encaixa nas diversas qualidades definidas em cada distinção na submodalidade, usando uma escala de 1 a 10. (Por exemplo, moderado = 1, alto = 10.)

8. Explore com o seu parceiro qual o ponto de referência que você pressupôs ou aceitou para determinar o grau de distinção na submodalidade. (Por exemplo: "Mais alto do que o quê?", "Alto comparado com o quê?" Com os outros sons na sala? Com outra lembrança que você tem daquele som?)

9. Novamente, pare de escutar o fenômeno e faça uma reprodução daquilo que você ouviu, usando a sua voz.

10. Compare a sua nova reprodução com o seu parceiro e observe o que mudou.

11. Explore quaisquer mudanças nas representações internas que você usou para fazer a sua reprodução, examinando quais distinções na submodalidade tiveram maior impacto e influência sobre a sua percepção (mapa cognitivo interno).

SUBMODALIDADES AUDITIVAS

VOLUME: alto — moderado
TOM: **grave** — agudo
INTENSIDADE: alto — baixo
TEMPO: *rápido* — lento
DISTÂNCIA: perto — *longe*
RITMO
LOCALIZAÇÃO

Cinestésico

1. Encontre no ambiente externo um objeto que você possa tocar e que seja estável ou repetitivo. Sinta-o fisicamente durante mais ou menos dez segundos.
2. Pare de tocar o objeto. Reproduza as sensações físicas associadas àquilo que você tocou, usando partes das suas mãos ou os seus braços, de modo que outra pessoa pudesse experimentar as sensações tocando a(s) reprodução(ões) que você criou usando as suas mãos ou braços. (Você pode reproduzir diferentes características separadamente e guiar as mãos do seu parceiro.)
3. Encontre um parceiro e comparem as suas reproduções físicas.
4. Revezem-se fazendo perguntas sobre a representação interna que vocês usaram para criar as suas reproduções com as mãos ou com os braços, isto é, a sua reprodução é exatamente igual à sua representação interna? Caso não seja, como elas são diferentes?
5. Verifique especialmente as características principais da reprodução que são mais diferentes do objeto externo.
6. Como na tabela de "submodalidades", apresentada anteriormente, verifique a lista de submodalidades CINESTÉSICAS com o seu parceiro. Observe o fenômeno e, para cada distinção na submodalidade, toque o objeto, focalizando aquele filtro em particular.
7. Compare as suas percepções de onde o objeto se encaixa nas diversas qualidades definidas em cada distinção na submodalidade, usando uma escala de 1 a 10. (Por exemplo, macio = 1, áspero = 10.)
8. Explore com o seu parceiro qual o ponto de referência pressuposto ou aceito que você usou para determinar o grau de distinção na submodalidade. (Por exemplo: "Mais macio do que o quê?", "Macio comparado com o quê?" Com a pele da sua mão? Com outros objetos presentes no ambiente?)
9. Novamente, pare de tocar o objeto e faça outra reprodução com as suas mãos ou com os seus braços.
10. Compare a sua nova reprodução com o seu parceiro e observe o que mudou.

11. Explore quaisquer mudanças nas representações internas que você usou para fazer as suas reproduções, examinando qual distinção na submodalidade teve maior impacto e influência sobre a sua percepção (mapa cognitivo interno).

SUBMODALIDADES CINESTÉSICAS

INTENSIDADE: <u>forte</u> — fraca
ÁREA: grande — pequena
TEXTURA: áspera — lisa
DURAÇÃO: constante — intermitente
TEMPERATURA: fria — quente
PESO: pesado — leve
LOCALIZAÇÃO

Capítulo 5

A Aprendizagem Cooperativa e o TOTS

Resumo do Capítulo 5

- Jogo da estratégia do "telefone sem fio"
- Auto-organização e "atratores"
- O modelo TOTS
- *Feedback* e aprendizagem cooperativa
- Exercício de aprendizagem cooperativa

A aprendizagem cooperativa e o TOTS

No Capítulo 4 exploramos diversas maneiras de desenvolver os nossos sistemas representacionais. Contudo, também aprendemos nos exercícios de estratégia de memorização que a forma como a informação é passada entre os sistemas representacionais freqüentemente determina a eficácia de uma estratégia. Quando alguma coisa nos é apresentada verbalmente, a nossa maneira de processá-la internamente e transferi-la para os outros sentidos determinará o quanto conseguiremos nos lembrar dela e comunicar essa experiência. Acho que uma das melhores maneiras para ilustrar esse ponto é demonstrando e explorando por meio de uma metáfora física.

Jogo da estratégia do "telefone sem fio"

Vocês alguma vez brincaram de "telefone sem fio" quando eram crianças? Em nossos seminários de Aprendizagem Dinâmica utilizamos uma versão múltipla do sistema representacional da brincadeira do telefone sem fio, que demonstra algumas importantes características das estratégias cognitivas. A mais simples envolve quatro pessoas (**A, B, C e D**).

1. A pessoa **A** executa determinada ação ou postura para a pessoa **B**.
2. A pessoa **B** desenha uma figura da postura ou do comportamento da pessoa **A**. As pessoas **C** e **D** não vêem a postura original da pessoa **A**.
3. A pessoa **B** mostra o seu desenho para a pessoa **C** e esta descreve verbalmente a figura para a pessoa **D**. A pessoa **C** só pode usar palavras; ela não pode mostrar o desenho para a pessoa **D** nem demonstrar nada com o seu corpo.
4. A pessoa **D** representa com o corpo a descrição da pessoa **C**.
5. Então, a pessoa **A** mostra novamente a sua postura inicial, comparando-a com a postura da pessoa **D**.

RD: Marsha, Mary Beth, Diane e Jean serão o nosso grupo. 1) Marsha, você executará determinada ação ou postura para Mary Beth. 2) Mary Beth, você olhará para Marsha e, então, desenhará uma figura da postura ou do comportamento. Diane e Jean, vocês não verão a postura original de Marsha. Vocês fecharão os olhos ou ficarão de costas durante essa primeira fase; 3) então, Mary Beth mostrará o seu desenho para Diane, que irá olhá-lo e descrever para Jean aquilo que vê no desenho. Diane só poderá usar palavras; ela não pode mostrar o desenho para Jean nem demonstrar nada com o corpo; 4) Jean, você tentará representar com o corpo a descrição de Diane; 5) Marsha mostrará novamente a sua postura ou a sua ação original e veremos se a postura ou o comportamento de Jean se parece com o que Marsha fez originalmente.

Diagrama do jogo da estratégia do "telefone sem fio"

Assim, Marsha age, Mary Beth desenha e Diane descreve. OK, Diane e Jean, olhem para o outro lado por um momento. Marsha, faça uma pose. Coloque o seu corpo em determinada postura e permaneça imóvel. [*Marsha faz uma pose.*] Mary Beth, desenhe uma figura da postura de Marsha. [*Mary Beth desenha a postura de Marsha.*] Agora, Diane você olha o desenho de Mary Beth e o descreve para Jean. Na verdade, você não olhará para Jean enquanto estiver fazendo a sua descrição. Do contrário, você operará pelo *feedback* que está recebendo de Jean e mudará a descrição. Nesse estágio, você só pode descrever o que vê no desenho.

Diane: Fique perfeitamente ereta, com uma expressão estóica no rosto. Estique os braços, na altura dos ombros. Aponte para a platéia com o dedo indicador. Separe os pés cerca de 10 centímetros. É isso o que eu vejo na figura. [*Jean assume uma postura.*]

RD: Muito bem. Jean, mantenha essa postura. Agora Marsha, você mostra a postura que escolheu inicialmente. (Risos.)

TE: Como vocês podem ver, as posturas de Jean e de Marsha são muito diferentes.

TE: A propósito, esse é o tipo de coisa que acontecerá dentro do cérebro de um aluno. Você registra alguma experiência, como a postura de Marsha. Ela passa por essas transformações visuais e auditivas representadas por Mary Beth e Diane e retorna de um jeito que pode ser muito diferente da informação inicial.

Entretanto, é importante notar que não permitimos que houvesse nenhum *feedback* corretivo entre as diversas etapas no processo do "telefone sem fio". Se tivéssemos permitido, o nosso produto final poderia ter sido mais parecido com a informação inicial.

TE: Com o *feedback*, vocês podem ter um mecanismo de autocorreção. Sem ele, podem ver o que acontece.

RD: Por falar nisso, vocês podem criar diversas variações desse exercício. Uma estrutura típica é a da entrada e da saída por meio do mesmo sistema representacional — isto é, visual para dentro/visual para fora ou auditivo para dentro/auditivo para fora ou físico para dentro/físico para fora, movimento para dentro/movimento para fora. Entre a entrada e a saída, vocês passam a informação por um ou dois dos outros sistemas representacionais. Por exemplo, vocês poderiam criar uma variação desse jogo, no qual Mary Beth desenharia uma figura da postura de Marsha e Diane também teria de fazer um desenho a partir da figura de Mary Beth. Portanto, vocês teriam uma figura sendo transformada numa segunda figura. Em vez de descrevê-la, Diane daria o seu desenho para Jean e Jean precisaria descobrir como representá-lo.

TE: Vocês poderiam modificar as relações entre as etapas mudando a sua ordem. Por exemplo, vocês poderiam fazer Diane e Mary Beth trocar de lugar, de modo que Diane descrevesse a postura de Marsha para Mary Beth, que então desenharia uma figura a partir da descrição de Diane e a mostraria para Jean.

RD: Pensem em como ficaria muito mais desafiador se permitíssemos que Marsha se movesse. Assim, a informação seria muito mais multifacetada. E se Marsha tivesse de começar com uma descrição verbal, Mary Beth tivesse de representar essas palavras em figuras,

150

Diane tivesse de representar o que viu na figura e Jean tivesse de colocar essa ação em palavras? Teríamos uma estrutura semelhante à de um teste escrito; as palavras entram e saem. A estratégia é o que acontece a essas palavras entre a entrada e a saída.

Também é desafiador começar com alguma coisa puramente tonal, como um grasnido e traduzi-lo em representações visuais, cinestésicas ou verbais. Como Todd disse, não temos muitas palavras para descrever tom e timbre. Assim, se vocês precisassem descrever esse som em palavras, como fariam?

TE: Naturalmente, algumas pessoas trapaceiam nesse exercício e mostram gestos obscenos ou palavrões. Esses sempre parecem claros como o dia. Eles são uma linguagem universal.

RD: Como salientei, esse exercício é uma metáfora básica para uma estratégia e pode ajudá-los a desenvolver intuições a respeito daquilo que compõe uma boa estratégia. Se o grupo de pessoas representasse um cérebro, a seqüência de transformações poderia ser uma estratégia de aprendizagem.

TE: Cada pessoa no grupo é como uma etapa na estratégia de alguém para aprender alguma coisa.

RD: Os princípios que vocês descobrirão ao encontrar uma maneira eficaz de transferir informações entre as pessoas são os mesmos que estão por trás de uma estratégia eficaz. Por exemplo, as estratégias não são simplesmente uma cadeia reflexiva de respostas. Elas necessitam de ciclos de *feedback* em diversos lugares. Se deixássemos Marsha olhar para a figura de Mary Beth e perguntar: "O que você acha dessa parte da minha postura? Você talvez queira fazê-la assim", acabaríamos com uma representação mais precisa da postura original.

TE: Geralmente, o fator mais importante envolve apenas o acréscimo de ciclos de *feedback* entre as etapas, sem mudar ou alterar qualquer outra coisa na seqüência.

RD: Algumas vezes, usamos esse tipo de exercício para tentar externar e "modelar" determinada estratégia mental para podermos estudá-la. Por exemplo, que tipo de jogo do "telefone sem fio" teríamos feito se estivéssemos tentando reproduzir os processos mentais por trás da soletração? Marsha poderia escrever determinada palavra e Mary Beth a pronunciaria em voz alta. Mas, então, será que Diane desenharia uma figura do significado daquela palavra e a mostraria para Jean? Se ela fizesse isso, Jean poderia acabar expressando uma palavra muito diferente daquela originalmente escrita por Marsha.

Já trabalhei com crianças que fazem isso. Elas criam um significado a partir da palavra e aquilo que realmente escrevem é um reflexo da sua compreensão, em vez de uma réplica da verdadeira representação visual da palavra que foi registrada no início da estratégia.

Uma outra maneira interessante de usar esse processo do "telefone sem fio" é tentar construir um grupo "incapaz de aprender".

TE: Isso é fácil. Você elimina o *feedback* entre as pessoas e lhes diz que só há uma maneira certa de fazer aquilo, então faz uma pessoa representar um diálogo interno que fica gritando o tempo inteiro, dizendo a todos como eles são estúpidos. (Risos.)

RD: Parte daquilo que desejamos realizar quando fazemos as pessoas representarem esses tipos de seqüências é demonstrar que, sob certos aspectos, a aprendizagem cooperativa ou em equipe também é um tipo de estratégia. Apenas as representações e o *feedback* ocorrem do lado de fora entre várias pessoas, em vez de ocorrerem no interior da mente de uma única pessoa. Igualmente, uma estratégia mental é um processo de aprendizagem cooperativa ou em equipe que ocorre entre os diferentes sistemas representacionais. E, como mostra o comentário de Todd, algumas vezes, diferentes "partes" de vocês estarão envolvidas na aprendizagem. A cooperação pode não ser exigida apenas entre diferentes representações sensoriais, mas também entre diferentes crenças e sistemas de valores.

Auto-organização e "atratores"

RD: Já discutimos os processos de "segmentação" e "descoberta de padrão" durante os exercícios de estratégia de memorização. A segmentação e a descoberta de um padrão também ocorrem entre pessoas que estão formando uma estratégia de "equipe". Na verdade, uma interessante utilização desse tipo de jogo do "telefone sem fio" é descobrir aquilo que chamamos de "ímãs perceptivos" na área da teoria da auto-organização. Os ímãs perceptivos nos dizem mais a respeito de como o nosso sistema nervoso funciona do que a respeito de qualquer indivíduo em particular. Por exemplo, numa versão interessante deste "jogo", doze pessoas num grupo recebem folhas de papel em branco. Então, a primeira delas é instruída a desenhar um

152

ponto em algum lugar da sua folha. Em seguida, mostra rapidamente o papel para a pessoa nº 2. Essa segunda pessoa é instruída a desenhar o ponto na sua folha, no mesmo local em que ele se encontra na folha da pessoa nº 1. (A pessoa nº 2 não olha a folha da nº 1 enquanto está desenhando o ponto, nem depois de desenhá-lo.) Então, a pessoa nº 2 mostra rapidamente a sua folha para a pessoa nº 3, e o processo se repete entre as doze pessoas. Cada pessoa do grupo só olha a folha da pessoa ao seu lado. Isto é, a pessoa nº 11 só pode ver a folha da nº 10, e a pessoa nº 12 só pode ver a folha da nº 11. Assim, não há oportunidade de ocorrer um *feedback* corretivo.

Independentemente do local em que foi colocado o primeiro ponto, ao chegar à pessoa nº 12, quase invariavelmente ele acaba num dos cantos da folha. A figura a seguir mostra um exemplo típico do que acontece com o ponto.

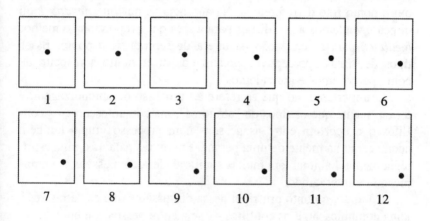

Progressão típica do ponto num grupo de doze pessoas

O ponto segue uma espécie de "caminho" que conduz ao canto do papel, como mostrado na figura a seguir.

Dependendo do seu estado inicial, o ponto pode "gravitar" para um dos outros cantos, num percurso semelhante.

Contudo, ao atingir um dos cantos, o ponto geralmente se estabiliza e não se movimenta muito ao se acrescentar mais pessoas à cadeia do "telefone sem fio". Esse mesmo tipo de padrão ocorrerá mesmo se mudarmos a ordem de todos os indivíduos do grupo.

Os cantos do papel são chamados de "ímãs" perceptivos, porque percebemos as localizações com relação às margens ou a qualquer outro ponto fixo de referência. Na ausência de qualquer *feedback* ou direção, tendemos a nos dirigir para a área que proporciona o melhor *feedback* para a realização da tarefa de reproduzir o ponto. Esses tipos de "ímãs" perceptivos podem nos dizer muito a respeito de como percebemos e aprendemos.[1]

O importante, no que se refere ao processo de aprendizagem, é ter em mente que os tipos de "atratores", má comunicação e os conflitos que ocorrem entre as pessoas num processo grupal também acontecerão na mente de uma pessoa. Em outras palavras, uma estratégia mental habitual tem muitas similaridades com pessoas se comunicando e interagindo.

Contudo, o ponto principal dessa discussão é que os "atratores", a má comunicação e os conflitos — seja entre pessoas ou em uma só pessoa — ocorrem na ausência de *feedback*. Portanto, um elemento

---

1. Foi realizado um interessante estudo, na Universidade de Bremen, no qual um membro de um grupo de pacientes com AIDS e um membro de um grupo de viciados em heroína ouviram a mesma história. Eles receberam instruções para contar a mesma história para um de seus companheiros de grupo. Então, essa segunda pessoa recebeu instruções para contá-la a outro membro do grupo, e assim por diante. No final dessa cadeia de "telefone sem fio", não somente as histórias eram muito diferentes da original, como o grupo de AIDS e o de viciados em heroína enfatizaram aspectos bem diferentes da história. Parecia que diferentes elementos "arquetípicos" ou "ímãs" emocionais caracterizavam os dois diferentes tipos de grupos.

muito importante de uma estratégia de aprendizagem efetiva é a presença de ciclos de *feedback*. Além da seqüência de sistemas representacionais usados na estratégia, os ciclos de *feedback* são o elemento mais fundamental de um processo de aprendizagem efetivo.

O modelo TOTS

Em PNL, os ciclos fundamentais de *feedback* que formam nossas estratégias mentais são descritos de acordo com uma estrutura chamada TOTS (Miller, *et al.*, 1960). As letras TOTS significam *Teste-Operação-Teste-Saída*. O conceito do TOTS afirma que todos os programas mentais e comportamentais giram em torno da existência de um *objetivo fixo* e de *um método variável para atingir esse objetivo*. Esse modelo indica que, enquanto pensamos, estabelecemos objetivos em nossa mente (consciente ou inconscientemente) e desenvolvemos um TESTE para ser utilizado quando esse objetivo for alcançado. Se o objetivo não for alcançado, OPERAMOS para mudar alguma coisa ou fazemos alguma coisa para nos aproximar do nosso objetivo. Quando os critérios do nosso TESTE tiverem sido preenchidos, SAÍMOS para dar o próximo passo. Assim, a função de qualquer parte de um programa comportamental poderia ser (T)estar a informação dos sentidos para verificar o progresso em direção ao objetivo ou (O)perar para mudar alguma parte da experiência permitindo que ela satisfaça o (T)este e (S)aímos para a parte seguinte do programa.

Para explorar um exemplo do TOTS a partir de suas experiências, reservem alguns minutos para responder às seguintes perguntas, o mais completamente possível

Explorando a estrutura de uma estratégia de aprendizagem

1. Que matéria você é capaz de aprender fácil e eficazmente?

2. Quais os objetivos ou metas de aprendizagem que você está tentando atingir com relação a essa matéria?

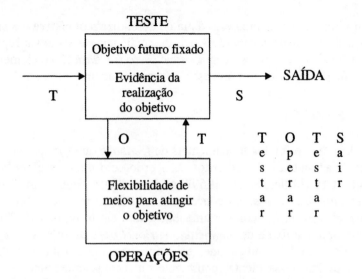

Diagrama do TOTS

3. O que você usa como evidência para saber que está atingindo esses objetivos de aprendizagem?

4. O que você faz para alcançar os objetivos — quais os passos e atividades específicos que você usa para atingir os seus objetivos de aprendizagem com relação a essa matéria?

5. Quando você encontra problemas inesperados ou dificuldades para atingir os seus objetivos de aprendizagem nessa matéria, qual é a sua resposta a eles? Que atividades ou passos específicos você realiza para corrigi-los?

Examine as suas respostas às perguntas e veja os elementos do Modelo ROLE que você pode identificar.

1. Contexto

    Que aspectos perceptivos do contexto ou matéria estavam mais envolvidos para estimulá-lo a aprender efetivamente?

    Alguma coisa que você viu?
    Alguma coisa que você ouviu?
    Alguma coisa que você sentiu?
    Alguma coisa que alguém disse?
    Alguma coisa que você disse para si mesmo?

2. Objetivos

    Como você representou cognitivamente os seus objetivos nesse contexto?

    Visualizando-os na imaginação?
    Lembrando-se deles visualmente?
    Desenhando-os?
    Verbalizando-os para alguém?
    Verbalizando-os para si mesmo?
    Relembrando-se verbalmente de alguma coisa?
    Sentindo-os?

3. Evidência

    Que processos cognitivos ou sensoriais você usou para avaliar o seu progresso em direção a seus objetivos?

    Alguma coisa que você viu?
    Alguma coisa que você ouviu?
    Como você se sentiu?
    Alguma coisa que alguém disse?
    Alguma coisa que você disse para si mesmo?

4. Operações

Que processos cognitivos ou perceptivos você usou para atingir os seus objetivos?

Fantasiando?   Diálogo interno?   Emoções?
Sentimentos intuitivos?   Memória visual?   Tocando?
Desenhando?   Discutindo?   Movendo/fazendo?
Observando?   Escutando?
Relembrando palavras ou instruções?

5. Resposta aos problemas

Que processos cognitivos ou perceptivos você ativou em resposta aos problemas?

Imaginando opções?   Diálogo interno?
Sentimentos intuitivos?   Lembrando-se visualmente das opções?
Relembrando palavras ou instruções?   Emoções?
Desenhando?   Discutindo?   Tocando?
Observando?   Escutando?   Mudando ações?

Essas são apenas algumas das perguntas que você poderia fazer a si mesmo. Reserve alguns minutos e explore as suas respostas para qualquer outra coisa que possa ser uma pista para a sua estratégia de aprendizagem com relação a essa matéria.

Ao considerar as respostas, verifique onde há ou não flexibilidade. Por exemplo, se você mudasse os sistemas representacionais que usou para representar os seus objetivos, isso mudaria significativamente o resultado do processo? Se você substituísse palavras por imagens, digamos, como evidência, qual seria o impacto na maneira do processo funcionar? Se você observasse em vez de agir, que diferença isso teria feito?

Feedback e aprendizagem cooperativa

RD: O modelo TOTS afirma que para aprendermos alguma coisa efetivamente — ou para nos envolvermos em qualquer comportamento eficaz — precisamos de:

1) algum tipo de representação do objetivo;
2) algum tipo de evidência para saber se estamos indo na direção daquele objetivo; e
3) um conjunto de operações que nos ajudará a ir na direção do objetivo sob diversas condições.

Assim, em vez de termos um "estímulo", uma "resposta" reflexa e um "reforço", temos um "registro", um "teste" que nos informa quão próximos estamos de algum objetivo desejado, e uma seleção de operações para escolher, baseados no *feedback* que receberam do nosso teste. Considerem, por exemplo, o nosso jogo do "telefone sem fio". Quando estou tentando fazer alguém representar a minha postura corporal por meio de uma figura ou de uma descrição verbal, se eu for capaz de dizer a essa pessoa: "Sim, você está chegando perto" ou "Não, você não está", é de grande ajuda para mim.

Por exemplo, no contexto do nosso jogo do "telefone sem fio", poderíamos ter estabelecido um ciclo de TOTS entre Diane e Jean. Em nossa versão original, Diane não olhou para Jean. Ela só podia olhar para o desenho que Mary Beth havia feito da postura de Marsha e descrevê-lo. Se tivéssemos feito um ciclo de TOTS, Diane poderia ter variado as suas descrições verbais em resposta ao *feedback* que receberia ao olhar para a postura de Jean e compará-la com a figura. Assim, o desenho de Mary Beth teria sido a representação do objetivo. A comparação da postura de Jean com a figura teria sido o "TESTE". As palavras de Diane teriam sido as "OPERAÇÕES" para tentar fazer assemelhar a postura de Jean ao desenho de Mary Beth. Diane descreveria alguma coisa para Jean; Jean tentaria reproduzi-la e perguntaria: "Assim?" Diane poderia responder "Sim, certo" ou "Não, errado". Teríamos um ciclo de *feedback* orientado para a obtenção de determinado objetivo que, provavelmente, teria conduzido a um resultado muito mais efetivo do que aquele que alcançamos inicialmente.

TE: O TOTS é a base da comunicação efetiva, bem como da aprendizagem. Por exemplo, digamos que o meu objetivo de comunicação seja estabelecer *rapport* com determinado aluno (uma idéia inusitada, eu sei). Posso tentar um primeiro conjunto de comportamentos e ver se obtenho algum tipo de *rapport*. Se, em lugar do *rapport*, o aluno ficar zangado, o modelo TOTS me diz para manter o meu objetivo de obter *rapport* — em vez de desistir como fazem muitas pessoas. Portanto, mantenho o objetivo de estabelecer *rapport* ou confiança. Como já tentei o comportamento X, preciso encontrar outra escolha. Tento essa escolha e verifico: "Obtive confiança?" Talvez dessa vez eu tenha conseguido o medo. OK, tudo bem. Eu ainda desejo obter confiança, então, agora, preciso tentar outra coisa. A cada vez preciso fazer algo diferente. Essa é a base do TOTS. É assim que, finalmente, conseguimos atingir o objetivo de obter confiança. Em PNL dizemos que é responsabilidade do comunicador encontrar a maneira de se comunicar para atingir os seus objetivos. Assim, os bons comunicadores precisam ser flexíveis na maneira de se comunicar. A outra pessoa pode nem mesmo saber qual é o seu objetivo.

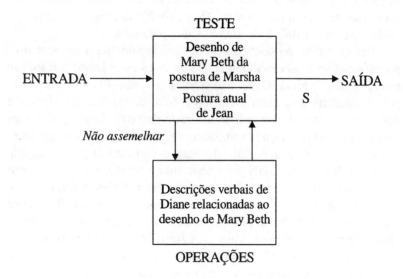

Ciclo do TOTS para o jogo da estratégia do "telefone sem fio"

RD: De acordo com o modelo TOTS o comportamento efetivo surge quando temos um objetivo fixado, evidência sensorial que indica se estamos ou não alcançando esse objetivo, e uma série de diferentes maneiras de alcançá-lo. Assim, se uma maneira não funcionar, poderemos tentar outra. Infelizmente, em nosso sistema educacional a maior parte do que fazemos é o inverso do TOTS. Temos um único procedimento ou operação fixa, padronizada — isto é, a maneira "certa" de fazer. Não temos nenhuma evidência clara e constante que nos mostre se o aluno está ou não realmente aprendendo (o teste é sempre no final do período letivo). Como conseqüência, acabamos com resultados variáveis — alguns alunos têm sucesso e o resto ou vai mal ou fica na média.

Acho que esse é um ponto importante a ser considerado no que se refere à aprendizagem e ao ensino — sempre que usarmos uma operação padronizada ou fixa conseguiremos resultados variáveis. Se, por outro lado, desejarmos constantemente alcançar determinado objetivo ou resultado na aprendizagem para uma ampla variedade de alunos, precisaremos incluir a flexibilidade de operações para lidar com estilos e circunstâncias variáveis de aprendizagem. Na visão da PNL, a tradicional "curva de Gauss", associada à aprendizagem e à inteligência, é mais uma medida de como determinado teste ou método combina com uma série de diferentes estratégias e estilos de aprendizagem, do que uma medida real da inteligência.

Se padronizarmos determinado método, com a crença de que todos os alunos "deveriam" aprender com ele, então começaremos a selecionar os alunos cujo desempenho varia porque suas estratégias não se encaixam naquele método. A crença passa a ser: "Esses alunos não estão conseguindo, portanto, vamos ter de separá-los" ou "Vamos agrupá-los, porque eles não conseguem acompanhar esse método". Em outras palavras, a avaliação dos alunos baseia-se na adequação do seu estilo de aprendizagem àquele método em particular.

Por outro lado, se o nosso objetivo é ensinar um grupo de diferentes alunos como aprender alguma coisa, então, para manter esse objetivo, é necessário diversificar todas as estratégias que usamos para ensiná-los até encontrarmos aquelas que alcançam o objetivo. É uma estratégia diferente daquela de separar e dividir os alunos de acordo com o seu desempenho em métodos padronizados. Se o nosso objetivo for algo como "soletrar bem", não poderemos apenas ensinar um único método para soletrar. O que devemos fazer é manter constantes o objetivo e a evidência de uma "boa soletração" e variar os processos que os alunos podem usar para aprender as palavras. Há uma série de estratégias que podem ser usadas para atingir esse objetivo. Assim, se o aluno não conseguir de uma maneira, poderemos lhe oferecer outra. Isso é muito diferente de acreditar que "só há uma maneira certa de realizar essa tarefa".

Atualmente, temos muitas ferramentas novas de aprendizagem à disposição e que podem ser usadas para combinar e estimular estilos individuais de aprendizagem. A "padronização" pode ter sido adequada quando a linha de produção e a mesa telefônica eram as nossas principais tecnologias de ponta. Porém, atualmente temos o "hipertexto" e a "multimídia". Nossos negócios e nossas tecnologias não estão voltados para a padronização, mas, sim, para a adaptação de necessidades individuais. Essa é uma das revoluções trazidas pelo computador.

TE: As nossas crenças podem realmente afetar a nossa habilidade para usarmos diferentes escolhas — e não apenas com relação à aprendizagem. No início da PNL, quando os nossos treinamentos enfatizavam as aplicações terapêuticas, com freqüência essa questão sobre crenças limitadoras costumava surgir. Nesses programas, tínhamos algumas pessoas muito sérias, que faziam terapia sentadas atrás de mesas de nogueira. Elas sentiam dificuldade em aceitar a idéia de que deveriam mudar suas atitudes em resposta aos seus clientes. Tinham uma imagem mental e um conjunto de crenças a respeito de como um terapeuta "deve ser". Apesar de termos ensinado uma série de diferentes escolhas, que elas poderiam usar para ser mais flexíveis, sua crença era mais ou menos assim: "Como terapeuta estou restrito a determinado conjunto de comportamentos. Se mudar esses comportamentos estarei infringindo as regras relacionadas à maneira como eu acredito que um 'terapeuta' deve agir".

O mesmo acontece com os professores. Eles criam a crença de que: "Como professor, preciso manter essa posição diante da classe. Só posso agir dessa maneira e só posso ter esses tipos de interações. Se eu fizer qualquer coisa fora desses comportamentos estabelecidos, não estarei sendo um 'professor'". Se nos derem muitas escolhas a respeito de como interagir com alguém, mas elas estiverem restritas pelas nossas crenças sobre aquilo que os professores podem fazer, essas crenças nos deixarão de mãos amarradas. Não é que realmente não tenhamos escolhas com respeito aos alunos, mas são as nossas crenças que dizem: "Essa porta não pode ser aberta. Você não pode abrir essa porta porque os professores não têm permissão para agir assim".

RD: A propósito, operar a partir do TOTS também requer evidências efetivas de que o objetivo está sendo alcançado, o que às vezes exige uma reavaliação de nossas crenças com relação àquilo que oferece uma "evidência efetiva". Por exemplo, um teste escrito de compreensão é realmente evidência de que alguém está atingindo o objetivo da leitura, ou é mais uma medida para avaliar a similaridade entre a estratégia e os valores do aluno e aqueles da pessoa que planejou o teste? Obter um "A" num teste é uma evidência efetiva de que um aluno atingiu o objetivo de aprender a ler ou aplicar a matemática? A pergunta, no que diz respeito ao TOTS é: "Que tipos de evidências realmente fornecem um *feedback* corretivo eficaz?"

Em nossa analogia do jogo do "telefone sem fio", começar com a postura de Marsha e ir até o fim do grupo sem nenhum *feedback* equivale a fazer um teste de matemática ou de ortografia e obter os resultados uma semana depois. Você recebe o teste de volta com um "X" em vermelho nas respostas erradas. Nesse momento, você não tem absolutamente nenhuma idéia do que estava fazendo mentalmente quando deu a resposta errada. Em outras palavras, não há nenhum *feedback* sobre a maneira de mudar o processo mental ocorrido durante os dez segundos em que você estava tentando escrever corretamente aquela palavra ou solucionar aquele problema de matemática.

TE: Nessa ocasião, o processo mental já está separado do *feedback*. Você faz o teste de matemática na quarta-feira e na terça-feira da semana seguinte recebe os resultados. Uma semana se passou. Você pode ter correções ou "X" em vermelho. Talvez anotações dizendo: "É assim que você deveria ter transportado esse número". O professor pode até mesmo revisar na classe os erros mais comuns encontrados nos testes. Mas isso não diz aos alunos a coisa mais importante que eles precisam saber: como mudar o processo de pensamento que estavam usando quando deram a resposta errada. Há uma importante diferença entre a declaração: "Você deveria ter transportado o número" e a pergunta "Como você transportou ou não transportou esse número?". "Transportar um número" é realmente um procedimento, feito sobre o papel, que é resultado de uma estratégia mental interna. Para modificar essa estratégia, você precisaria voltar e determinar qual era o seu processo de pensamento na semana anterior, quando você estava fazendo o teste.

RD: Para aprender alguma coisa a partir do *feedback*, o aluno precisa determinar: "O que aconteceu naqueles trinta segundos, há uma semana, quando estava resolvendo aquele problema e não transportei o número?" Não apenas isso, uma vez que apenas saber o que você fez de errado não lhe dirá o que fazer para fazer certo. Acho que, freqüentemente, tendemos a enfatizar demais a eficácia do *feedback* negativo. Na verdade, lembro-me de alguns professores que estavam tão presos ao *feedback* negativo que, apesar de alguém ter acertado todas as respostas num teste, em vez de anotar "100% certo", eles colocavam "menos zero". Isso pode conduzir a uma visão bastante depressiva da vida.

TE: Quando eu estava na escola, às vezes, recebia provas com marcas vermelhas e precisava descobrir se elas eram para o que estava errado ou para o que estava certo. Para alguns professores as marcas significavam "OK". Para outros, indicavam "incorreto". Era muito confuso.

RD: Parte daquilo que estamos dizendo é que a nota de um teste oferece *feedback* no nível do comportamento e não no de "capacidade". Ela nos dá *feedback* a respeito do nosso desempenho comportamental, mas pode nos dizer pouco ou nada sobre como desenvolver a estratégia ou a capacidade necessária para um bom desempenho. Sei que muitos professores pensarão: "OK, eu compreendo o conceito, mas tenho quarenta alunos em minha classe. É impossível oferecer *feedback* naqueles trinta segundos, para todas as crianças". A minha resposta é: "Os professores não precisam fazer isso". Os alunos podem fazê-lo entre si. É disso que trata a "aprendizagem cooperativa". Fazer os alunos compartilharem estratégias de aprendizagem e supervisionarem uns aos outros. Com as ferramentas oferecidas pela PNL, vocês podem fazer os alunos ensinar estratégias efetivas e dar *feedback* uns aos outros. O professor não precisa sentar-se e cuidar dos quarenta alunos, essa é uma daquelas crenças mencionadas anteriormente por Todd. Os alunos podem ser tão bons quanto o professor quando lhes proporcionamos os recursos e a permissão adequados.

TE: Acredito que também é útil prepará-los melhor para interagir no "mundo real", fora da sala de aulas. Algumas dessas crianças que apresentam um bom desempenho em aula são extremamente competitivas e independentes. E quando saem da escola não conseguem cooperar com as outras pessoas.

RD: Essa é uma outra questão relacionada às crenças e valores. Que tipos de crenças e valores um método característico para aplicar testes instala nos alunos? Esconda o teste para que os outros alunos não vejam o que você está fazendo, porque eles vão colar. Encorajar os alunos a cooperar entre si, em vez de tentarem constantemente ser melhores do que os outros, é uma abordagem diferente. No sistema utilizado na escola de Pajaro Valley, os alunos ensinam uns aos outros e supervisionam o processo de aprendizagem para poderem proporcionar *feedback* durante aqueles trinta segundos críticos em que a estratégia está sendo aplicada.

TE: O sucesso na educação não é simplesmente o resultado dos livros escolares que você possui, de como é o edifício ou se o ônibus é aquecido. Essas coisas são importantes — lápis, papel, e assim por diante —, são todas muito importantes; mas vi crianças aprenderem em lugares onde não havia nada disso. Por exemplo, conheço uma pessoa que é professora numa escola com apenas uma sala, numa cidadezinha da Georgia. Ela tem sessenta alunos, do jardim-de-infân-cia à oitava série. As crianças precisam partilhar os lápis, um livro entre cinco crianças e, mesmo assim, o sucesso que ela obtém na sala de aula é inacreditável. Uma das coisas que ela faz é criar grupos de aprendizagem cooperativa entre os alunos. Quando esses alunos têm doze ou treze anos de idade, eles sabem tanto a respeito da PNL na educação quanto se tivessem feito um curso de quinze ou vinte dias. Esse é o tempo que ela leva para treiná-los; um pouco de cada vez. A cada ano, ela tem um grupo de alunos que continua passando adiante as estratégias mais efetivas. Dizem que se você for para aquela es-cola, ficará mais inteligente. O trabalho dos alunos mais velhos é fazer os mais novos aprenderem as estratégias de que necessitam. Ela se concentra nas crianças mais novas e mais velhas da escola — aquelas que estão no meio recebem os benefícios por intermédio do processo de aprendizagem cooperativa.

RD: A seguir, um exemplo de um exercício de aprendizagem coope-rativa baseado no TOTS para ajudar as pessoas a comparar e ampliar as suas estratégias para lidar efetivamente com determinada tarefa ou situação.

Exercício de aprendizagem cooperativa

As estratégias efetivas podem ser transferidas entre duas pessoas. Por exemplo, dois professores ou dois músicos podem ter diferentes estratégias para realizar o mesmo tipo de tarefa no mesmo contexto. Evocar e compartilhar objetivos, procedimentos de evidência e operações podem ajudar a ampliar e enriquecer a esfera de nossas habilidades criativas.

Encontrem um parceiro e escolham uma tarefa ou situação comum que exija aprendizagem. Cada um de vocês deve preencher as informações do TOTS no quadro abaixo e comparar suas respostas, buscando semelhanças e diferenças. Imagine como seria acrescentar à sua estratégia as operações, os procedimentos de evidência, os objetivos ou as "respostas aos problemas" dos seus parceiros. Como isso poderia mudar ou enriquecer a sua maneira de lidar com a tarefa ou situação.

Contexto: _____

	Pessoa n.º 1	Pessoa n.º 2
Quais são os seus objetivos?		
Como você sabe que está alcançando os seus objetivos?		
O que você faz para atingir os seus objetivos?		
O que você faz quando não está alcançando os seus objetivos satisfatoriamente?		

No volume II, mostraremos como os princípios da aprendizagem cooperativa e os outros processos que exploramos até agora podem ser aplicados na ortografia padronizada que, para muitos, é uma atividade desafiadora.

Posfácio

Espero que vocês tenham gostado dessa exploração da *Aprendizagem Dinâmica*. Como mostramos no decorrer do livro, há muitas ferramentas e recursos para desenvolver e aplicar os modelos, estratégias e habilidades descritos nestas páginas.

A *The Dynamic Learning Center/NLP University* é uma organização cujo compromisso é realizar treinamentos da mais alta qualidade nas habilidades básicas e avançadas da PNL, assim como incentivar o desenvolvimento de novos modelos e aplicações da PNL nas áreas de saúde, negócios e organização, criatividade e aprendizagem. No verão, a *The Dynamic Learning Center* e a *NLP University* realizam programas residenciais na Universidade da Califórnia, em Santa Cruz.

A *The Dynamic Learning Publications* publica artigos e monografias que descrevem os principais avanços do campo da PNL sistêmica, em constante mudança e desenvolvimento.

Se quiserem receber mais informações sobre essas publicações e programas ou quaisquer futuros desenvolvimentos relacionados à Aprendizagem Dinâmica, entrem em contato com:

The Dynamic Learning Center
NLP University
P.O. Box 1112
Ben Lomond, California 95005
Tel.: (408) 336-3457
Fax: (408) 336-5854

Apêndice A:
Níveis de Aprendizagem

Gregory Bateson (1973) propôs uma categorização de diferentes "níveis lógicos" de aprendizagem baseada na teoria matemática de tipos lógicos, de Bertrand Russell — a qual afirmava que um grupo de coisas não pode ser um componente de si mesmo. A tese central dessa teoria é a de que há uma descontinuidade entre um grupo e os seus componentes. O grupo não pode ser um componente de si mesmo e um componente não pode ser o grupo, uma vez que o termo usado para o grupo vem de um nível diferente de abstração, um "tipo lógico" diferente daqueles usados para os componentes.

Por exemplo, o grupo de números pares não pode ser um número par; o grupo de gatos não pode ser um gato. Igualmente, um único exemplo de um gato não pode ser o grupo dos gatos. Bateson aplicou a sua teoria lógica à biologia e ao comportamento. Um tecido formado por um grupo de células, por exemplo, é um nível lógico diferente daquele das células individuais — um cérebro não é o mesmo que uma célula do cérebro. Um pode afetar o outro por meio do *feedback* indireto — isto é, o funcionamento e as conexões do cérebro como um todo podem influenciar o comportamento de uma única célula cerebral e a atividade de uma única célula cerebral contribui para o funcionamento global do cérebro. Na verdade, podemos dizer que uma célula afeta a si mesma pelo resto da estrutura do cérebro.

No comportamento humano, Bateson identificou uma série de níveis de aprendizagem — cada um deles responsável pelas mudanças corretivas e refinamentos no outro grupo de aprendizagem sobre o qual operou.

"A Aprendizagem zero é caracterizada pela especificidade de resposta [isto é, por um comportamento específico num ambiente

específico — RD] o qual — certo ou errado — não está sujeito à correção.

"A Aprendizagem I é a mudança na especificidade de resposta pela correção de erros de escolha num conjunto de alternativas.

"A Aprendizagem II é uma mudança no processo da Aprendizagem I; por exemplo, uma mudança corretiva no conjunto de alternativas a partir do qual é feita a escolha, ou é uma mudança na maneira de pontuar a seqüência.

"A Aprendizagem III é a mudança no processo da Aprendizagem II; por exemplo, uma mudança corretiva no sistema de conjunto de alternativas a partir do qual é feita a escolha."

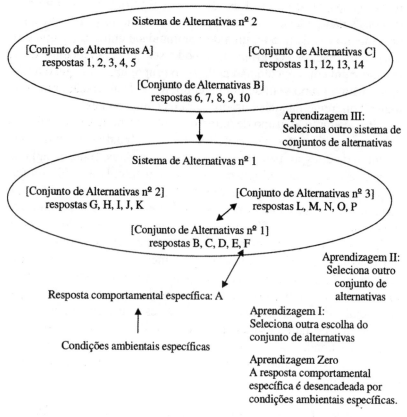

"Níveis lógicos" de aprendizagem de Bateson

Nessa estrutura, um reflexo simples, mecânico, seria um caso de aprendizagem zero. O hábito, o condicionamento comportamental e a aprendizagem psicomotora seriam operações relacionadas a determinadas alternativas comportamentais — aprendizagem I. A aprendizagem perceptiva, a aquisição de habilidades latentes para a aprendizagem e a modelagem estariam relacionadas às operações que incluem conjuntos de alternativas — aprendizagem II. O *insight* e o *"imprinting"* estariam mais relacionados ao estabelecimento da mudança de sistemas inteiros de comportamentos alternativos — aprendizagem III.

Na PNL, os níveis lógicos de aprendizagem de Bateson são expressos nas seguintes categorias:

A. Quem eu sou — *Identidade*
   Missão   Quem?
B. Meu sistema de crenças — *Valores e significados*
   Permissão e Motivação   Por quê?
C. Minhas capacidades — *Estratégias e estados*
   Mapas e planos   Como?
D. O que faço ou fiz — *Comportamentos específicos*
   Ações e reações   O quê?
E. O meu ambiente — *Estímulos externos*
   Restrições e oportunidades   Onde? Quando?

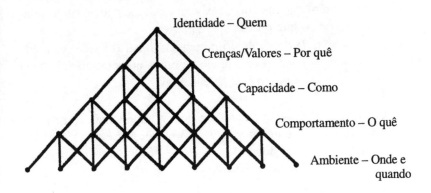

Níveis de influências na aprendizagem

O nível do ambiente envolve os estímulos externos específicos e as condições nas quais ocorrem o nosso comportamento. Contudo, sem nenhum mapa, plano ou estratégia interior para guiá-los, os comportamentos são como reações reflexas do joelho, hábitos ou rituais. No nível da capacidade, somos capazes de selecionar, alterar e adaptar uma série de comportamentos a um conjunto mais amplo de situações externas. No plano das crenças e valores podemos estimular, inibir ou generalizar determinada estratégia, plano ou maneira de pensar. A identidade, naturalmente, consolida sistemas inteiros de crenças e valores na autoconsciência. Embora cada nível se torne mais abstrato das particularidades de comportamento e experiência sensorial, tem um efeito cada vez mais amplo em nosso comportamento e experiência.

Resumindo:

- *Os fatores ambientais* determinam as oportunidades ou restrições externas às quais uma pessoa precisa reagir. Estão relacionados ao **onde** e **quando** da aprendizagem.
- *O comportamento* é formado de ações ou reações específicas realizadas no ambiente. Está relacionado ao **o que** da aprendizagem.
- *As capacidades* guiam e dão direção para as ações comportamentais por meio de um mapa, plano ou estratégia mental. Estão relacionadas ao **como** da aprendizagem.
- *As crenças e valores* proporcionam o reforço (motivação e permissão) que apóiam ou negam as capacidades. Estão relacionados ao **por que** da aprendizagem.
- *A identidade* determina o propósito global (missão) e molda as crenças e valores por meio de nossa autoconsciência. Está relacionada a **quem** está aprendendo.

Os diferentes níveis de aprendizagem e experiência se refletem em nossos padrões de linguagem. As afirmações a seguir são exemplos potenciais desses diferentes níveis de resposta para um aluno que foi mal num teste de soletração.

A. Identidade — *"Você é estúpido."*
B. Crenças — *"Se você não pode soletrar bem, não pode ir bem na escola."*

C. Capacidade — *"Você não é muito bom em soletração."*
D. Comportamento específico — *"Você foi mal nesse teste em particular."*
E. Ambiente — *"O barulho na sala dificulta a realização dos testes."*

Apêndice B:
Resumo das Estratégias de Aprendizagem

Identificando um estado efetivo de aprendizagem

Postura corporal e aprendizagem

Lembre-se de uma ocasião em que você foi capaz de aprender fácil e efetivamente. Coloque-se plenamente naquela experiência e observe o que acontece com a sua fisiologia. Circule as figuras a seguir que melhor representam sua postura quando você está num estado efetivo de aprendizagem.

Lembre-se de uma ocasião em que você estava tentando aprender mas ficou sem ação ou distraído. Volte àquela experiência e observe o que acontece de diferente em sua fisiologia. Faça um quadrado em volta das figuras que melhor representam sua postura quando você está sem ação ou distraído. (Escolha uma de frente e uma de lado.)

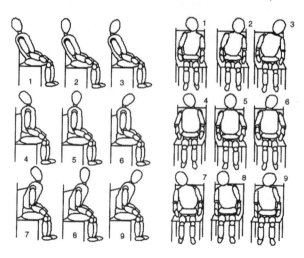

174

Gestos e Aprendizagem

Novamente, volte à experiência na qual você foi capaz de aprender fácil e efetivamente e observe a sua fisiologia. Faça um círculo ao redor da figura do grupo apresentado a seguir que representa os gestos que você usa com maior freqüência no estado efetivo de aprendizagem, ou desenhe os gestos na figura da direita.

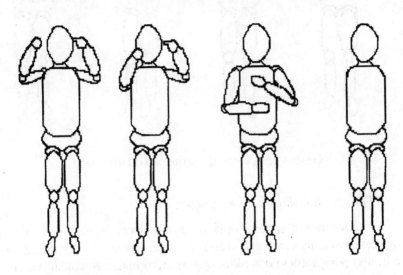

Gestos para o estado efetivo de aprendizagem

Volte à experiência na qual você estava sem ação ou distraído. Faça um quadrado em volta da figura do grupo a seguir que representa os gestos que você usa com mais freqüência num estado sem ação ou distraído, ou desenhe os gestos na figura da direita.

[Nota: Se você é um aluno mais auditivo ou cinestésico talvez queira um parceiro para observá-lo, ou olhar no espelho quando estiver no estado efetivo ou distraído de aprendizagem.]

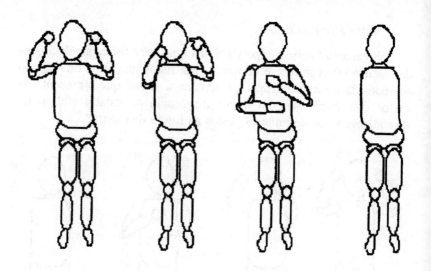

Gestos para o estado sem ação ou distraído.

Posição dos olhos e aprendizagem

Indique nos diagramas abaixo: a) a(s) posição(ões) dos olhos que está(ão) mais associada(s) ao seu estado efetivo de aprendizagem e b) a(s) posição(ões) dos olhos que está(ão) mais associada(s) a um estado sem ação ou distraído. Se houver mais de uma, indique a seqüência ou ordem geralmente seguida pelos movimentos oculares. Você pode usar números ou flechas.

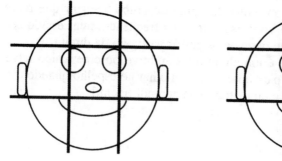

Estado efetivo de aprendizagem

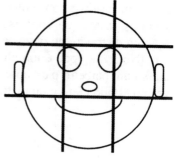

Estado sem ação ou distraído

Crenças

A. O nome de uma pessoa tem algo a ver com ela. Um nome não é apenas uma formalidade, mas tem alguma coisa a ver com uma afirmação de relacionamento ou qualidade de relacionamento.
B. Você "confirma" uma pessoa usando o seu nome. É importante lembrar-se do nome de alguém com quem você vai conversar a respeito de algum assunto pessoal.
C. Aprender um nome não é uma função de focalizar o som ou aquilo que o nome é, mas sim de focalizar a pessoa.

Passos

1. Começar com o sentimento de que você deseja conhecer aquela pessoa.
2. Estabelecer contato visual e realmente tentar ouvir o nome. Visualizar o rosto da pessoa e associá-lo ao nome. Por exemplo, criar uma imagem do rosto da pessoa em sua mente, ouvir o nome dela e formar uma imagem visual do nome num crachá, grudando-o na testa da pessoa.
3. Focalizar uma característica da pessoa. Encontrar uma característica que combine com aquela pessoa e com a sua constituição; não necessariamente as suas roupas, mas alguma coisa que represente a sua maneira de ser — isto é, o estilo de se vestir, o cabelo ou a sua maneira de agir, caminhar, falar etc.
4. "Experimentar" algumas das características daquela pessoa. Internalizar aquelas que você considera atraentes.
5. Conhecer a pessoa e usar o nome como um ponto de associação para as suas características particulares.

Outras estratégias úteis:
a. Associar a pessoa a alguém que tenha um nome semelhante e com quem você já mantém um relacionamento importante. Isso associa o nome a alguma coisa que já é importante para você — coisas que fazem parte da memória de longo prazo, não da memória de curto prazo.
b. Inventar nomes para pessoas, se for difícil lembrar o seu nome verdadeiro. Se você não consegue saber o nome de

alguém porque ele não evoca alguma coisa, então invente um nome ou apelido — como "Tigre" ou "Biscoito".

c. Aumentar o nome; como chamar Lisa de "Lisa-Bonita".

Exercícios da estratégia de memorização

O objetivo desses exercícios é ajudá-lo a determinar os sentidos ou a combinação de sistemas representacionais mais desenvolvidos para a memorização. Faremos isso executando três vezes a mesma tarefa de aprendizagem, porém limitando o canal de entrada e de saída de um sistema representacional diferente de cada vez.

PREPARAÇÃO

Copie a Folha de Trabalho da Estratégia de Memorização. No alto da folha estão impressos os números de 0 a 9 e as letras de A a Z. Começando com um segmento denominado "VISUAL", preencha os espaços em branco sob o título "SEQÜÊNCIA ORIGINAL", com uma série de letras e números escolhidos ao acaso. Você deve acabar com um total de dez caracteres. Escreva de maneira legível para que outras pessoas também possam lê-los.

Repita o mesmo processo para as seções intituladas "AUDITIVA" e "CINESTÉSICA" escolhendo ao acaso uma seqüência *diferente* de caracteres para cada "SEQÜÊNCIA ORIGINAL". Por enquanto, deixe em branco os espaços abaixo do título "SUPOSIÇÃO". Divida a folha de trabalho em quatro partes, cortando-a ou rasgando-a nas linhas pontilhadas entre cada segmento.

FOLHA DE TRABALHO DA ESTRATÉGIA DE MEMORIZAÇÃO

0	1	2	3	4	5	6	7	8	9
A	B	C	D	E	F	G	H	I	J
K	L	M	N	O	P	Q	R	S	T
U	V	W	X	Y	Z	*	#	?	!

SEQÜÊNCIA ORIGINAL: **VISUAL**

. __ __ __ __ __ __ __ __ __

SUPOSIÇÃO:

. __ __ __ __ __ __ __ __ __

SEQÜÊNCIA ORIGINAL: **AUDITIVA**

. __ __ __ __ __ __ __ __ __

SUPOSIÇÃO:

. __ __ __ __ __ __ __ __ __

SEQÜÊNCIA ORIGINAL: **CINESTÉSICA**

. __ __ __ __ __ __ __ __ __

SUPOSIÇÃO:

. __ __ __ __ __ __ __ __ __

RELATÓRIO DO PROGRESSO DA ESTRATÉGIA DE MEMORIZAÇÃO

Rodada 1

Sistema repr. testado	Nº de caracteres	Tempo apresentado	Número correto	Número fora de ordem
Visual				
Auditivo				
Cinestésico				

Rodada 2

Sistema repr. testado	Nº de caracteres	Tempo apresentado	Número correto	Número fora de ordem
Visual				
Auditivo				
Cinestésico				

Rodada 3

Sistema repr. testado	Nº de caracteres	Tempo apresentado	Número correto	Número fora de ordem
Visual				
Auditivo				
Cinestésico				

PROCEDIMENTO

Forme um grupo de três pessoas e testem as suas estratégias de memorização com o procedimento a seguir:

A. Parte 1 — VISUAL

1. REGISTRANDO — Comece com a seção da folha marcada "VISUAL". O "professor" mostrará ao "aluno" uma seqüência de dez caracteres num período de até trinta segundos, não mais. Durante esse período, o "observador" deve observar cuidadosamente o aluno, verificando a existência de quaisquer padrões significativos de micropistas comportamentais. Se o "aluno" achar que memorizou a seqüência em menos tempo, pode parar antes dos trinta segundos. Anote o tempo na coluna marcada Tempo apresentado no RELATÓRIO DO PROGRESSO DA ESTRATÉGIA DE MEMORIZAÇÃO da página anterior.
2. RECUPERANDO — Faça o "aluno" apontar (sem falar) a seqüência de caracteres na ordem em que ele se lembra, no segmento da folha contendo a lista de todos os números e letras. Anote a seqüência nos espaços sob o título SUPOSIÇÃO enquanto o "aluno" aponta para ela. Compare-a com a SEQÜÊNCIA ORIGINAL.
3. PONTUAÇÃO — Anote o número de caracteres que o "aluno" lembrou corretamente (estejam ou não na ordem certa) na coluna marcada Número correto no seu RELATÓRIO DO PROGRESSO DA ESTRATÉGIA DE MEMORIZAÇÃO. Então, anote o número de caracteres que estavam na seqüência errada, na coluna marcada Número fora de ordem.
   [NOTA: Se o "aluno" tiver simplesmente omitido um caractere, isso não significa que todos os que vêm depois dele estejam na seqüência errada. Portanto, se a sua seqüência for: DLC65W7U8N e o "aluno" esquecer o "W" e indicar DLC657U8N, a pontuação será de nove suposições corretas e uma no lugar errado (o "7" está fora de ordem). Se o "aluno" indicar um caractere que não estava na seqüência original, este será considerado um caractere Fora de ordem.]

4. EVOCANDO — Descubra o tipo de estratégia de memorização que o "aluno" usou para lembrar-se dos caracteres, discutindo o que ele fez mentalmente enquanto os caracteres eram mostrados. O observador começa a relatar o que viu acontecer enquanto o "aluno" estava tentando memorizá-los. É importante que o observador simplesmente relate o que viu ou ouviu, sem tentar interpretar as suas observações. O observador e o "professor" podem começar a perguntar para o "aluno" o que estava acontecendo internamente com relação às pistas comportamentais observadas. De que o "aluno" estava consciente? O "aluno" tentou fazer uma imagem dos caracteres em sua mente? Ele falou os caracteres para si mesmo? Observem os movimentos oculares e outros comportamentos não-verbais que possam ajudá-los a descobrir o(s) sistema(s) representacional(ais) que o "aluno" estava usando. Observem se a estratégia funcionou bem consultando a pontuação. Discutam de que maneira ela poderia ser melhorada ou aperfeiçoada.

Agora, troquem de papéis para que outras pessoas sejam o "aluno", o "professor" e o "observador". Repitam o processo até que os três participantes do grupo tenham desempenhado cada um dos papéis. (O processo deve levar cerca de dez minutos por pessoa.)

B. Parte 2 — AUDITIVA

O "professor" deve sentar-se atrás do "aluno" e o "observador" à sua frente. O "professor" deve ler em voz alta a seqüência de caracteres na seção da folha marcada "AUDITIVA". O "professor" deve ler os caracteres num ritmo constante (sem nenhuma tentativa de segmentá-los para o "aluno" — para que o "aluno" possa segmentá-los do seu jeito). O "aluno" pode pedir para ouvir novamente a seqüência (mais rápido, mais devagar ou no mesmo ritmo), mas não poderá ouvi-la mais do que três vezes. O "professor" deve anotar quantas vezes o "aluno" precisou ouvir a seqüência na coluna marcada Tempo apresentado. Então, sem olhar para os caracteres, o "aluno" repetirá verbalmente a seqüência anteriormente lida em voz alta pelo "professor". O "professor" escreverá o que o "aluno" se lembrou, nos espaços sob a SUPOSIÇÃO, e anotará a pontuação como no exercício anterior.

O "observador" fará suas observações e o grupo explorará a estratégia mental do "aluno" para memorizar essa seqüência. Por exemplo, vocês podem perguntar: "Ela é diferente da estratégia usada para a tarefa visual? Como ela funciona para esse tipo de memorização?"

Novamente, troquem de papel até que os três componentes do grupo tenham tido a oportunidade de tentar a tarefa de memorização auditiva.

C. Parte 3 — CINESTÉSICA

O "professor" orienta o "aluno" a fechar os olhos e guia sua mão para que ele escreva a seqüência de caracteres. O caractere a ser usado será o conjunto que vocês criaram para a seção marcada "CINESTÉSICA" na Folha de Trabalho da Estratégia de Memorização. O "aluno" pode usar uma caneta ou o dedo indicador. Ele também pode preferir que o "professor" escreva a seqüência de caracteres em suas costas ou na palma da sua mão. Como no teste auditivo, podem ser solicitadas até três repetições. Com os olhos fechados, o "aluno" deve escrever a seqüência de caracteres numa folha de papel.

A pontuação é anotada como nos exercícios anteriores.

Quando terminarem, o observador fará comentários sobre o que observou. Então, ele e o "professor" ajudarão a evocar a estratégia de memorização que o "aluno" utilizou para a tarefa e compararão o processo e os resultados com os exercícios anteriores.

Repitam esse processo durante alguns dias para avaliar o quanto a sua habilidade para memorizar se expandiu. Vocês podem ampliar essa habilidade: (1) acrescentando mais caracteres à sua tarefa de memorização; ou (2) diminuindo o tempo que você leva para gravar os caracteres. Usem a Rodada 2 e 3 do RELATÓRIO DO PROGRESSO DA ESTRATÉGIA DE MEMORIZAÇÃO para acompanhar o seu progresso.

Desenvolvendo a habilidade visual

Formem duplas (**A** e **B**):

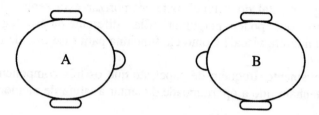

PASSO 1. **A** e **B** ficam de frente um para o outro. **A** dá instruções para **B** visualizar a posição corporal de **A** e olhar para cima, à esquerda (para destros) ou à direita (para canhotos) para lembrar-se dela.

PASSO 2. **B** fecha os olhos. **A** move alguma parte do seu corpo (isto é, mão, perna, dedo, inclina a cabeça etc.) enquanto os olhos de **B** estão fechados.

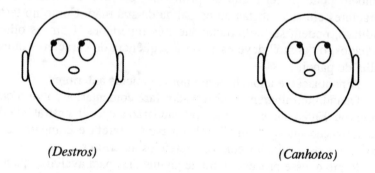

(Destros) *(Canhotos)*

PASSO 3. **A** diz para **B** abrir os olhos. **B** olha para cima, à esquerda (ou à direita) e compara o que vê com a imagem lembrada e adivinha qual parte do corpo **A** moveu.

PASSO 4. Se **B** não acertar, então **A** instrui **B** a fechar os olhos novamente. **A** não diz a **B** qual parte moveu, voltando à posição corporal original e dizendo a **B** para abrir novamente os olhos e adivinhar (voltar para o PASSO 2).

Desenvolvendo a habilidade auditiva

Formem um grupo de quatro pessoas (**A, B, C** e **D**)

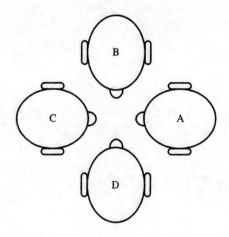

PASSO 1. **A** senta-se ou fica em pé e **B, C** e **D** formam um semicírculo à sua volta. **B, C** e **D** fazem um som, um de cada vez (isto é, estalam os dedos, batem de leve com um lápis na cadeira, batem palmas, desde que cada uma faça sempre o mesmo tipo de som) e enquanto fazem isso, cada uma delas repete o seu nome após o seu som. **B, C** e **D** repetem o som e o nome até **A** informar que pode identificar cada pessoa pelo seu som correspondente.

PASSO 2. **A** fecha os olhos e **B, C** ou **D** faz o som. **A** deve adivinhar qual delas fez o som.

PASSO 3. Se **A** errar, então **B, C** e **D** repetem o som original e o seu nome até **A** informar que pode identificar a combinação entre o nome e o som correspondente. O grupo então repete o PASSO 2.

PASSO 4. Para acrescentar uma variação interessante, **B, C** e **D** podem tentar imitar o som um do outro e **A** deve adivinhar quem está imitando quem. Por exemplo, **A** pode dizer: "**B** está imitando **C**" ou "**B** está imitando **D**".

Desenvolvendo a habilidade cinestésica

Formem um grupo de quatro pessoas (**A**, **B**, **C** e **D**)

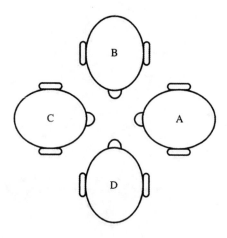

PASSO 1. **A** senta-se ou fica em pé e as pessoas **B**, **C** e **D** formam um semicírculo à sua volta.

PASSO 2. **A** deve orientar seus olhos para baixo e para a direita (ou para a esquerda se **A** for canhoto) e respirar profundamente para estimular o acesso máximo aos seus sentimentos.

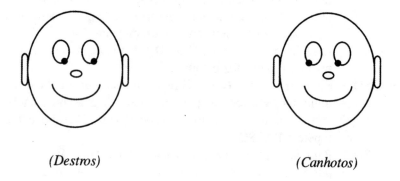

(Destros)　　　　　　　　　　*(Canhotos)*

A é orientado a fechar os olhos e **B**, **C** e **D** tocam **A**, um de cada vez. Eles devem tocar **A** no mesmo lugar. Inicialmente, **B**, **C** e **D**

dirão seus nomes enquanto tocam **A**, para que **A** possa associar o toque de cada pessoa ao seu nome.

Por exemplo: **B**, **C** e **D** tocam as costas da mão de **A** com os dedos. **B**, **C** e **D** também podem usar um objeto como um lápis ou um pedaço de plástico. O importante é lembrar-se de que cada pessoa deve usar o mesmo objeto e tocar **A** no mesmo lugar (isto é, **B**, **C** e **D** poderiam tocar **A** na articulação do polegar direito com o dedo indicador enquanto dizem seus nomes). Esse processo é repetido até **A** informar que pode identificar o toque associado ao nome.

PASSO 3. Enquanto **A** mantém os olhos fechados, **B**, **C** ou **D** tocará **A** sem dizer o seu nome. **A** deve adivinhar o nome de quem acabou de tocá-lo. Especificamente, **A** olha para baixo e para a direita (ou para a esquerda) e compara as sensações do toque que acabou de receber com a lembrança dos três toques que experimentou anteriormente. **A** escolhe aquele que combina mais e pronuncia em voz alta o nome que associou àquele toque.

PASSO 4. Se **A** não conseguir adivinhar corretamente quem acabou de tocá-lo, **A** deve "recalibrar" repetindo os PASSOS 2 e 3. Quando **A** tiver adivinhado a pessoa correta, três vezes, numa rodada, passem para a próxima seção, para o próximo nível do exercício.

PASSO 5. **A** é novamente instruído a fechar os olhos e orientá-los para baixo e para a direita ou para a esquerda. Enquanto **A** está com os olhos fechados, **B**, **C** e **D** tocam **A**, em seqüência, sem se identificarem verbalmente. **A** deve, então, combinar os nomes com os toques e adivinhar a seqüência adequada. As seqüências devem ser aleatórias. Por exemplo: <**B**, **D** e **C**> ou <**C**, **D** e **B**> etc.

PASSO 6. Se **A** não conseguir identificar a seqüência correta, pode pedir uma "recalibração" repetindo o PASSO 2 (associando toques a nomes).

Quando **A** tiver identificado corretamente três seqüências numa rodada, passem para o passo seguinte.

PASSO 7. Para realmente aumentar a habilidade de **A** em usar o sentido do toque, **B**, **C** e **D** podem tentar imitar os toques uns dos outros. Com os olhos fechados, **A** tenta adivinhar quem está imitando quem. Por exemplo, **B** tenta combinar a qualidade do seu toque com a de **D** e **C** tenta tocar como **B**.

Explorando os filtros perceptivos

Visual

1. Encontre um fenômeno que você possa ver no seu ambiente externo e que seja estável ou repetitivo. Olhe para ele durante mais ou menos dez segundos.
2. Pare de olhar para o fenômeno e faça um desenho daquilo que você viu.
3. Encontre um parceiro e comparem os seus desenhos.
4. Revezem-se fazendo perguntas sobre a representação interna que vocês usaram para fazer o desenho. Isto é, o seu desenho é exatamente igual à sua representação interna? Caso não seja, como eles são diferentes?
5. Verifique especialmente quaisquer características importantes do desenho que pareçam ser diferentes do fenômeno externo.
6. Na tabela de "submodalidades" a seguir, verifique a lista de submodalidades VISUAIS com o seu parceiro. Para cada distinção na submodalidade, olhe para o fenômeno focalizando aquele filtro em particular.
7. Compare as suas percepções de onde o fenômeno se encaixa nas diversas qualidades definidas em cada distinção na submodalidade, usando uma escala de um a dez (por exemplo, obscura = 1, brilhante = 10).
8. Explore com o seu parceiro qual o ponto de referência que você pressupôs ou aceitou para determinar o grau de distinção na submodalidade. (Por exemplo: "Mais brilhante do que o quê?", "Brilhante comparado a quê?", "À sala?" "A outros objetos presentes no ambiente?", "À luz vinda de fora?")
9. Novamente, pare de olhar para o fenômeno e faça um desenho daquilo que você viu.
10. Compare o seu novo desenho com o seu parceiro e observe o que mudou.

11. Explore quaisquer mudanças nas representações internas que você usou para fazer os desenhos, examinando quais as distinções que, na submodalidade, tiveram maior impacto e influência sobre a sua percepção (mapa cognitivo interno).

SUBMODALIDADES VISUAIS

LUMINOSIDADE: obscura — brilhante
TAMANHO: grande — pequeno
COR: branco e preto — *em cores*
MOVIMENTO: *rápido* — lento — imóvel
DISTÂNCIA: perto — longe
FOCO: claro — *indistinto*
LOCALIZAÇÃO

Auditivo

1. Encontre um fenômeno que você possa ouvir no seu ambiente externo e que seja estável ou repetitivo. Escute com atenção durante mais ou menos dez segundos.
2. Pare de escutar o fenômeno e encontre uma maneira de reproduzir auditivamente aquilo que você ouviu, usando a sua voz.
3. Encontre um parceiro e comparem as suas reproduções.
4. Revezem-se fazendo perguntas sobre a representação interna que vocês usaram para criar as suas reproduções, isto é, a sua maneira de reproduzir o som é exatamente igual à sua representação interna? Caso não seja, como elas são diferentes?
5. Verifique especialmente quaisquer características principais da reprodução que pareçam diferentes do fenômeno externo.
6. Como na tabela de "submodalidades" apresentada anteriormente, verifique a lista de submodalidades AUDITIVAS com o seu parceiro. Para cada distinção na submodalidade, ouça novamente o fenômeno e preste atenção àquele filtro em particular.
7. Compare as suas percepções de onde o fenômeno se encaixa nas diversas qualidades definidas em cada distinção na submodalidade, usando uma escala de um a dez (por exemplo, moderado = 1, alto = 10).

8. Explore com o seu parceiro qual o ponto de referência que você pressupôs ou aceitou para determinar o grau de distinção na submodalidade. (Por exemplo: "Mais alto do que o quê?", "Alto comparado com o quê?", "Aos outros sons na sala?", "À outra lembrança que você tem daquele som?")
9. Novamente, pare de escutar o fenômeno e faça uma reprodução daquilo que você ouviu, usando a sua voz.
10. Compare a sua nova reprodução com o seu parceiro e observe o que mudou.
11. Explore quaisquer mudanças nas representações internas que você usou para fazer a sua reprodução, examinando quais distinções que, na submodalidade, tiveram maior impacto e influência sobre a sua percepção (mapa cognitivo interno).

SUBMODALIDADES AUDITIVAS

VOLUME: alto — moderado
TOM: **grave** — *agudo*
INTENSIDADE: alto — baixo
TEMPO: *rápido* — lento
DISTÂNCIA: perto — longe
RITMO
LOCALIZAÇÃO

Cinestésico

1. Encontre no ambiente externo um objeto que você possa tocar e que seja estável ou repetitivo. Sinta-o fisicamente durante mais ou menos dez segundos.
2. Pare de tocar o objeto. Reproduza as sensações físicas associadas àquilo que você tocou, usando partes das suas mãos ou de seus braços, de modo que outra pessoa possa experimentar as sensações tocando a(s) reprodução(ões) que você criou usando as suas mãos ou os seus braços. (Você pode reproduzir diferentes características separadamente e guiar as mãos do seu parceiro.)
3. Encontre um parceiro e comparem as suas reproduções físicas.
4. Revezem-se fazendo perguntas sobre a representação interna que vocês usaram para criar as suas reproduções com as mãos

ou os braços, isto é, a sua reprodução é exatamente igual à sua representação interna? Caso não seja, como elas são diferentes?

5. Verifique especialmente as características principais da reprodução que são mais diferentes do objeto externo.

6. Como na tabela de "submodalidades", apresentada anteriormente, verifique a lista de submodalidades CINESTÉSICAS com o seu parceiro. Observe o fenômeno e, para cada distinção na submodalidade, toque o objeto, focalizando aquele filtro em particular.

7. Compare as suas percepções de onde o objeto se encaixa nas diversas qualidades definidas em cada distinção na submodalidade, usando uma escala de um a dez (por exemplo, macio = 1, áspero = 10).

8. Explore com o seu parceiro qual o ponto de referência pressuposto ou aceito que você usou para determinar o grau de distinção na submodalidade. (Por exemplo: "Mais macio do que o quê?", "Macio comparado com o quê?", "À pele da sua mão?", "A outros objetos presentes no ambiente?")

9. Novamente, pare de tocar o objeto e faça outra reprodução com as suas mãos ou com os braços.

10. Compare a sua nova reprodução com o seu parceiro e observe o que mudou.

11. Explore quaisquer mudanças nas representações internas que você usou para fazer as suas reproduções, examinando qual distinção na submodalidade teve maior impacto e influência sobre a sua percepção (mapa cognitivo interno).

<u>SUBMODALIDADES CINESTÉSICAS</u>

INTENSIDADE: **forte** — fraca
ÁREA: grande — pequena
TEXTURA: áspera — lisa
DURAÇÃO: constante — intermitente
TEMPERATURA: fria — *quente*
PESO: *pesado* — leve
LOCALIZAÇÃO

Bibliografia

ARISTÓTELES, *On the soul. Britannica Great Books.* Encyclopedia Britannica Inc., Chicago Ill., 1979.

BANDLER, R. *Usando sua mente.* São Paulo, Summus, 1987.

BANDLER, R. e GRINDER, J. *Sapos em príncipes.* São Paulo, Summus, 1982.

BATESON, G. *Steps to an ecology of mind.* Ballantine Books, Nova York, NY, 1972.

BATESON, G.; DUTTON, E. P. *Mind and nature.* Nova York, NY, 1979.

BLANCHARD & JOHNSON. *The one minute manager.* Berkeley Books, Nova York, 1983.

DILTS, R. *Strategies of Genius,* vol. I, II, III. Meta Publications, Capitola, CA, 1994-1995.

_____. *"The parable of the Porpoise: A new paradigm for learning and management".* Dynamic Learning Publications, Ben Lomond, CA, 1990.

_____. Estratégia da genialidade, Vol. I, São Paulo, Summus, 1998.

_____. *Applications of neuro-linguistic programming.* Capitola, CA, Meta Publications, 1983.

_____. *Enfrentando a audiência.* São Paulo, Summus, 1997.

DILTS, R. B.; EPSTEIN, T.; DILTS, R. W. *Tools for dreamers.* Meta Publications, Capitola, CA, 1991.

DILTS, R., com BONISSONE, G. *Skills for the future.* Meta Publications, Capitola, CA, 1993.

DILTS, R.; EPSTEIN, T. *"NLP in training groups".* Dynamic Learning Publications, Ben Lomond, CA, 1989.

DILTS, R.; GRINDER, J.; BANDLER, R.; DeLOZIER, J. *Neuro-linguistic programming: the study of the structure of subjective experience, volume I.* Meta Publications, Capitola, CA, 1980.

GRINDER, J. e BANDLER, R. *The structure of magic,* vol. I & II, Science and Behavior Books, Palo Alto, California, 1975, 1976.

GRINDER, M. *Righting the educational conveyor belt.* Metamorphous Press, Portland, OR, 1990.

JACOBSON, S. *Meta-cation vols. I, II, III.* Meta Publications, Capitola, CA, 1983, 1986, 1987.

MILLER, G.; GALANTER, E. e PRIBRAM, K. *Plans and the structure of behavior.* Henry Holt & Co., Inc., 1960.

O'CONNOR, J.; SEYMOUR, J. *Introdução à programação neurolingüística.* São Paulo, Summus, 1995.

SCHEELE, P. *FotoLeitura.* São Paulo, Summus, 1995.

VAN NAGEL, C.; REESE, E.; REESE, M.; SIUDZINSKI, R. *Megateaching and learning.* Southern Inst. Press, Indian Rocks Beach, FLA, 1985.

WILLIAM JAMES. *Principles of psychology, Britannica Great Books.* Encyclopedia Britannica Inc., Chicago Ill., 1979.

Robert Dilts

Criador, *trainer*, autor e consultor no campo da programação neurolingüística desde 1975. Suas contribuições pessoais nessa área incluem muito do trabalho embrionário sobre as técnicas de PNL, de estratégias e sistema de crenças e desenvolvimento do que se tornou conhecido como PNL Sistêmica.

Algumas de suas técnicas e modelos incluem *Reimprinting Integration*, Sistema de Crenças, Estratégia de Soletração, Ciclo da Mudança de Crenças, Padrões Generativos em PNL, Níveis Neuro-lógicos e Teoria do Campo Unificado para PNL.

É o principal autor de *Neuro-Linguistic Programming* — Vol. I, autor de numerosos outros livros de PNL, incluindo *Crenças — Caminho para a saúde e o bem-estar*, com Tim Hallborn e Suzy Smith; *Enfrentando a audiência — Recursos de programação neurolingüística para apresentações*; e *Estratégia da genialidade* — vols. I, II e III.

Todd Epstein (1949-1995)

Depois de vinte anos como compositor, arranjador e guitarrista, começou a envolver-se com a PNL em 1979. Deu muitas contribuições operacionais e conceituais, incluindo o trabalho fundamental na área de submodalidades.

Na última década foi responsável, ao lado de Robert Dilts, pelo desenvolvimento de alguns dos mais conhecidos modelos e técnicas de PNL. Também contribuiu com importantes aplicações nas áreas de educação especial, criatividade e música, incluindo prevenção e abuso de drogas por adolescentes e no tratamento sistêmico do alcoolismo e da drogadicção.

Seu trabalho como criador, *trainner* e autor teve como objetivo maior tornar a PNL mais global, humana e rigorosa e foi uma das primeiras forças que guiaram a PNL para uma abordagem mais sistêmica. Foi co-fundador de várias organizações que levaram ao desenvolvimento e evolução da PNL. Como *trainer* em PNL será lembrado por seu humor, sua paixão e seu compromisso cm a competência.

Outras obras de Robert Dilts

CRENÇAS: CAMINHOS PARA A SAÚDE E O BEM-ESTAR
Robert Dilts, Tim Hallborn e Suzy Smith

A programação neurolingüística por um de seus maiores representantes, Robert Dilts. Um manual revolucionário para ensinar, de uma forma rápida e efetiva, a identificar e remodelar nosso limitado sistema de crenças e comportamentos. Como combater fobias e medos irracionais; como aumentar nossa capacidade imunológica para lutar contra o câncer, a AIDS e outras doenças. REF. 432.

A ESTRATÉGIA DA GENIALIDADE – Vol. I
(Aristóteles, Wolfgang A. Mozart, Sherlock Holmes, Walt Disney)
Robert B. Dilts

O propósito dessa série é aplicar as ferramentas da programação neurolingüística na análise de importantes figuras históricas, de modo a produzir "estratégias geniais": práticas efetivas para serem aprendidas e aplicadas em outros contextos. Estudando os processos de pensamento dos personagens, o livro mostra como usá-los para aumentar sua criatividade na resolução de problemas. REF. 590.

A ESTRATÉGIA DA GENIALIDADE – Vol. II – (Albert Einstein)
Robert B. Dilts

Dando seqüência ao primeiro volume dessa série, nesse livro Dilts tem como objetivo ir além dos conteúdos específicos e dos detalhes científicos do pensamento de Einstein, procurando detectar a "estratégia genial" cognitiva que orientava sua forma de raciocínio, de modo a atingir o brilhantismo de suas conclusões. REF. 591.

A ESTRATÉGIA DA GENIALIDADE – Vol. III
(Sigmund Freud, Leonardo da Vinci, Nikola Tesla)
Robert B. Dilts

A programação neurolingüística parte do princípio de que toda atividade bem-sucedida envolve padrões de percepção, raciocínio e ação que podem ser detectados e apreendidos, transformando-se em estratégia de comportamento. Seguindo a linha desta série, as "estratégias geniais" cognitivas de Freud, Da Vinci e Tesla são dissecadas, de modo a revelar recursos únicos de cura, mudanças e criatividade. REF. 592.

ENFRENTANDO A AUDIÊNCIA
Recursos de programação neurolingüística para apresentações
Robert B. Dilts

Para que uma palestra, aula, conferência ou simples exposição de idéias seja eficaz, deve ser apresentada com clareza e determinação, requerendo habilidade para comunicar-se e relacionar-se com outras pessoas. Esse livro oferece sugestões sobre como desenvolver essas habilidades por meio da aplicação dos modernos desenvolvimentos da psicologia da aprendizagem e comunicação no campo da programação neurolingüística. REF. 572.

LEIA TAMBÉM

Aprendizagem Dinâmica — vol. 2

Nesse segundo volume, os autores abordam o aprendizado de palavras, linguagem e idiomas, leitura e redação, bem como sugerem métodos de avaliação e aperfeiçoamento.

www.gruposummus.com.br

IMPRESSO NA GRÁFICA sumago
sumago gráfica editorial ltda
rua itauna, 789   vila maria
02111-031 são paulo   sp
tel e fax 11 **2955 5636**
sumago@sumago.com.br